Une constitution est une chose antérieure au gouvernement, et le gouvernement n'est que la créature d'une constitution.

La constitution d'un pays n'est point le fait de son gouvernement, mais celui du peuple constituant ledit gouvernement.

Thomas Paine
Les Droits de l'homme (1792)[1]

La source de tous nos maux, c'est l'indépendance absolue où les représentants se sont mis eux-mêmes à l'égard de la nation sans l'avoir consultée.

Ils ont reconnu la souveraineté de la nation, et ils l'ont anéantie.

Ils n'étaient de leur aveu même que les mandataires du peuple, et ils se sont faits souverains, c'est-à-dire despotes, car le despotisme n'est autre chose que l'usurpation du pouvoir souverain. [...]

Et comme il est dans la nature des choses que les hommes préfèrent leur intérêt personnel à l'intérêt public lorsqu'ils peuvent le faire impunément, il s'ensuit que le peuple est opprimé toutes les fois que ses mandataires sont absolument indépendants de lui.

Si la nation n'a point encore recueilli les fruits de la révolution, si des intrigants ont remplacé d'autres intrigants, si une tyrannie légale semble avoir succédé à l'ancien despotisme, n'en cherchez point ailleurs la cause que dans le privilège que se sont arrogés les mandataires du peuple de se jouer impunément des droits de ceux qu'ils ont caressés bassement pendant les élections.

Robespierre
29 juillet 1792

1. Les Cahiers du Septentrion, 1998, p 129.

Collection Documents

– *La Planète Terre, ultime arme de guerre*, Dr Rosalie Bertell ;
– *Géopolitique des cryptomonnaies*, Nancy Gomez et Patrick Pasin ;
– *Vaccins - Oui ou Non ?*, Stefano Montanari, Antonietta Gatti, Serge Rader ;
– *L'Arme climatique*, Patrick Pasin.

Du même auteur, chez Max Milo :
– *Notre Cause commune – Instituer nous-mêmes la puissance politique qui nous manque* (31 janvier 2019).

Talma Studios
231, rue Saint-Honoré
75001 Paris – France
www.talmastudios.com
info@talmastudios.com
Pictogrammes : ID 37016882 © Agnieszka Murphy | Dreamstime.com
ISBN : 978-2-37790-005-3

ÉTIENNE CHOUARD

ÉCRIRE NOUS-MÊMES LA CONSTITUTION

EXERCICES D'ENTRAÎNEMENT POUR PRÉPARER UN PROCESSUS CONSTITUANT POPULAIRE

#CitoyensConstituants

STUDIOS
TALMA

REMERCIEMENTS

Pas facile de remercier tous ces amis qui m'accompagnent depuis quinze ans dans cette formidable expérience de processus constituant populaire, il y en a tant et tant... Certains ont été importants et actifs pendant un temps, puis ils se sont arrêtés, mais je ne les ai pas oubliés.

Je vous recommande d'arpenter le Forum du Plan C ; vous y trouverez des gens épatants et des idées passionnantes : http://etienne.chouard. free.fr/forum.

Je remercie aussi chaleureusement les quelque 150 000 personnes qui suivent mon travail sur les réseaux sociaux, m'aident à progresser, et me donnent chaque jour toujours plus de force et de détermination.

Merci aussi à Priscillia, que je trouve admirable à plusieurs titres, d'avoir accepté de réfléchir à une préface pour ce petit livre qui compte beaucoup pour moi ; je trouve ses mots émouvants.

Merci aussi à mon éditeur, dont la patience, le professionnalisme et la gentillesse méritent de devenir une légende.

Merci à ma famille et à mes chers étudiants, qui rendent ma vie équilibrée et heureuse.

Merci enfin à mes « anges gardiens », affectueux, vigilants et attachants ; j'ai bien de la chance de les avoir toujours à mes côtés.

Avec le temps, il faudra que je corrige et complète ce livre, au gré des éditions successives à venir. Sans doute aurai-je à changer la disposition des deux chantiers dans les prochaines éditions, sans doute vais-je intégrer au Plan C de nouvelles idées. Je fais d'ailleurs appel à vos suggestions, objections, propositions, que vous pourriez envoyer à cette adresse, si vous le voulez : suggestions.plan.c@gmail.com et je vous remercie d'avance.

J'espère que ce petit livre pratique vous aidera à suivre à votre tour les sentiers ouverts par quelques pionniers. Et aussi à créer de nouveaux sentiers.

N'oubliez pas d'être « contagieux » : il faut constituer avec vos voisins, vos cousins, vos copains, vos enfants, vos parents, au travail, au bar, au salon... Pour devenir constituants, il faut inviter souvent la constitution dans nos conversations :-)

Bon courage à tous.
Étienne.

PRÉFACE

Avant, je regardais défiler la vie, tout en zappant et espérant tomber sur un épisode qui suggère la prise de conscience.

En effet, selon moi, le système éducatif tel qu'il existe nous forme afin que nous entrions dans un moule façonné de manière à ce que nous n'ayons pas la possibilité de développer notre ouverture d'esprit et notre réflexion.

Ce qui se vérifie ensuite dans le monde du travail, monde impitoyable, qui vous plonge dans un coma, une lobotomie, gardant votre esprit en veille de par son contexte oppressant et culpabilisant.

Un système global qui nous maintient dans la survie et nous isole les uns des autres, et suggère le désintérêt de l'autre et de sa condition.

Imaginez des millions de cerveaux en veille... qui se mettent en ébullition...

Imaginez de multiples émotions forcées de se taire, qui, tout à coup, veulent s'exprimer...

Imaginez un ensemble de citoyens qui sortent ensemble la tête de l'eau...

Pour ma part, c'est lors de ma reconversion professionnelle qu'une partie de mon cerveau, non accaparé entre autres par les tracas quotidiens imposés par le monde du travail, que j'ai enfin pu réfléchir... penser... questionner... armes les plus dangereuses aux yeux des profils qui sont aux manettes d'un tel système.

Quand un questionnement en amène un autre, quand une réflexion en suggère une autre, quand une alerte en dévoile une autre, c'est pour moi le fruit d'une prise de conscience collective. C'est la genèse du Mouvement des Gilets Jaunes.

Un mouvement qui dit stop.

Un mouvement qui regroupe des milliers de citoyens qui proposent une mise à jour du système et se battent pour l'obtenir.

Des citoyens qui se savent profondément souverains et maîtres de leur destin, mais qu'on a, depuis toujours, infantilisé et rendu dépendants de ce système.

Un asservissement qui n'a pas sa place et qui est aujourd'hui rejeté.

JE le rejette.

C'est pour cela que, depuis quelques semaines, a lieu une sorte de recensement des mesures mises en place par l'Exécutif. Recensement qui permet de mettre en lumière la motivation réelle des politiques.

Émergent alors de ce géant « brainstorming » des initiatives citoyennes tout à fait exceptionnelles. Une solidarité insoupçonnée et une fraternité jusqu'alors étouffées. Le peuple s'affaire et n'a besoin de personne pour le faire.

Il se compose d'un vivier de citoyens en colère qui le fait savoir ! Ils demandent des comptes, NOUS demandons des comptes et souhaitons retrouver notre place la plus légitime ! Nous réclamons le droit de pouvoir participer aux prises de décisions qui nous concernent, le droit de nous saisir du livre de notre histoire afin d'en écrire nous-mêmes les chapitres à venir.

D'ailleurs, nous avons déjà commencé et je crois en la transmission de cette belle énergie des uns aux autres. Ma rencontre avec Étienne en est précisément le résultat. Une belle rencontre sur un chemin difficile mais aussi passionnant. Prendre en main, tous ensemble, notre futur, se battre pour une cause commune, « notre cause commune » comme dirait Étienne, c'est ce que nous faisons dans le mouvement des Gilets Jaunes.

Utilisons cette plume : pour créer, recréer, organiser, communiquer, construire et pourquoi ne pas commencer par réécrire la Constitution... nous-mêmes ?

J'aurai plaisir à m'y exercer et je te remercie, Étienne, de m'en donner l'opportunité.

Puis tiens, pourquoi ne pas commencer maintenant avec l'article 5, par exemple ?

Version actuelle :

« Article 5.

Le Président de la République veille au respect de la Constitution. Il assure, par son arbitrage, le fonctionnement régulier des pouvoirs publics ainsi que la continuité de l'État.

Il est le garant de l'indépendance nationale, de l'intégrité du territoire et du respect des traités` »

Ma première version :
« Article 5.
Le Président de la République **et le peuple** veillent au respect de la Constitution. **Le premier** assure, par son arbitrage, le fonctionnement régulier des pouvoirs publics ainsi que la continuité de l'État **et le second veille au bon accomplissement de cet arbitrage.**
Ensemble ils garantissent l'indépendance nationale, l'intégrité du territoire et **le** respect des traités. »

Voilà qui me donne des idées pour la suite de cet exercice et je pense modifier à plusieurs reprises ma version, mais c'est déjà un début.
Je vous invite à tenter l'exercice et pourquoi pas entre amis, en famille ou dans un cadre plus strict, l'important est que nous avons la chance de pouvoir agir ensemble et maintenant.
Notre union fera notre force.
Voici une citation de Martin Luther King qui me parle tout particulièrement :
« Chacun a la responsabilité morale de désobéir aux lois injustes. »

Priscillia Ludosky

INTRODUCTION

Le suffrage par le sort est de la nature de la démocratie. Le suffrage par le choix est de celle de l'aristocratie. Le sort est une façon d'élire qui n'afflige personne ; il laisse à chaque citoyen une espérance raisonnable de servir sa patrie.

Montesquieu
De l'Esprit des lois, Livre II, Chap II.

Dans une démocratie digne de ce nom, les citoyens devraient avoir toute la place. Leurs représentants devraient être des serviteurs, empêchés de devenir des maîtres par le tirage au sort des charges, par des mandats courts et non renouvelables, et par de nombreux contrôles avant, pendant et après leur mandat. Dans la réalité, chacun peut constater que c'est exactement le contraire qui se produit : sitôt élus, nos « représentants » se comportent comme s'ils étaient nos maîtres, tout en se mettant au service exclusif des multinationales, des lobbys et des banques, contre l'intérêt général, et sans respecter leurs promesses de campagne.

Notre problème fondamental n'est donc pas technique mais politique : nos « représentants » ne nous représentent pas, pour la bonne raison qu'ils ne nous doivent rien. C'est mécanique : celui qui passe le plus à la télévision est élu, c'est tout. Il a donc suffi aux banques et aux multinationales d'acheter les médias de masse pour être sûres de gagner les élections à tous les coups. Les élus ne représentent que l'oligarchie financière et industrielle parce qu'ils leur doivent tout.

Quant à nous, simples électeurs (pas même « citoyens », car un électeur n'est pas un citoyen), nous sommes réduits à voter pour des personnes que nous n'avons pas choisies et que les partis nous imposent, en étant privés de toute institution pour nous défendre contre ces faux « représentants » : dans la pratique, nous n'avons pas de réelle Constitution.

En effet, une Constitution, c'est un texte supérieur qui sert à protéger le peuple contre les abus de pouvoir, en surplombant tous les pouvoirs, publics et privés. Une Constitution digne de ce nom doit être crainte par les pouvoirs : il ne faut donc à aucun prix les laisser l'écrire eux-mêmes. Ce n'est pas aux hommes au pouvoir d'écrire les règles du pouvoir, ce n'est pas aux parlementaires, ni aux ministres, ni à aucun professionnel de la politique, d'écrire ou de modifier la Constitution. Il faut donc séparer rigoureusement les pouvoirs constituants des pouvoirs constitués.

Une bonne Constitution – que les « élus » n'écriront jamais, à cause de leur intérêt personnel – prévoirait de vrais référendums d'initiative populaire (RIP législatif, abrogatoire, révocatoire et constituant), la séparation des pouvoirs dangereux (législatif, exécutif, judiciaire, médiatique et monétaire) pour les affaiblir, une des Chambres législatives tirée au sort pour une représentation fidèle du pays, des mandats courts et non renouvelables pour éviter la professionnalisation, la responsabilité illimitée (et la révocabilité) des décideurs publics, des chambres de contrôle tirées au sort pour surveiller tous les pouvoirs sans exception, une création monétaire uniquement publique et des banques toutes publiques aussi, des services publics d'information rendus indépendants (sur le modèle des juges) mais eux aussi contrôlés par des jurys citoyens tirés au sort, etc.

Aucune de ces institutions, nécessaires à la justice sociale, ne verra jamais le jour tant que nous n'aurons pas compris et éliminé le conflit d'intérêts majeur qui est à la racine commune de toutes nos impuissances : il faut que les constituants soient désintéressés.

Alors, comment faire ? Soit nous réunissons une Assemblée constituante dans chaque commune ou quartier (où viendront ceux qui le voudront) et nous en dégageons une synthèse pour fédérer les principales exigences citoyennes. Soit nous tirons au sort une seule Assemblée constituante (au lieu de l'élire !) : c'est beaucoup plus simple et cela donnera probablement le même résultat, parce que, finalement, nous avons tous intérêt aux mêmes institutions fondamentales.

Pour que cela advienne, il suffirait que nous soyons des millions à le vouloir. c'est donc à nous de faire passer le message de façon virale, autonome, souterraine, insaisissable, pour devenir rapidement très nombreux à dire ensemble : « Nous voulons avant tout une Assemblée constituante tirée au sort – car tout le reste suivra. »

C'est une cause commune fondamentale : instituons d'abord notre puissance, nous l'exercerons ensuite. Nous n'échapperons pas autrement aux usuriers qui ont déjà volé presque tous les pouvoirs. Si nous voulons une Constitution, il faudra l'écrire nous-mêmes.

Ces exercices sont une invitation à faire ce premier pas : écrire nous-mêmes la Constitution ! D'emblée, cet exercice peut sembler lointain, ardu, complexe... Pourtant, il est passionnant, excitant et indispensable.

Nous avons commencé depuis quelques années sur le site du plan C et vous pouvez prendre connaissance de nos travaux et les enrichir sur notre Forum (cf. introduction ci-dessous). À vous maintenant de nous rejoindre en poursuivant le chemin, avec vos objections, vos doutes, vos suggestions, vos améliorations...

Étienne Chouard

Introduction du « Forum du plan C : pour une Constitution écrite par et pour les Citoyens »
http://etienne.chouard.free.fr/forum/index.php

« Ici, depuis le 1er janvier 2006, nous parlons d'un sujet que les politiciens de métier voudraient bien garder pour eux : la Constitution, ce texte absolument fondamental pour tous les citoyens (et pourtant complètement négligé par eux), qui pourrait nous protéger tous contre les abus de pouvoir si nous le faisions nôtre au lieu d'en abandonner la maîtrise à ceux-là mêmes qu'il est censé contrôler.

Nous discutons principe par principe, méthodiquement. Nous avons d'abord suivi le plan de mon document *Les grands principes d'une bonne Constitution*, mais nous avons ensuite élargi nos thèmes à partir de vos réflexions, critiques et suggestions. C'est simplement passionnant. Ce que nous avons mis au clair sur la monnaie, sur le vote blanc, sur les vertus méconnues du tirage au sort et sur le référendum d'initiative populaire, par exemple, est enthousiasmant. Le prolongement de cette réflexion constituante, c'est d'écrire enfin nous-mêmes un exemple de constitution, article par article. [...] Vous verrez, c'est passionnant, on sent vite qu'on est là sur l'essentiel, sur la seule vraie cause (et aussi la solution !) de nos impuissances politiques.

C'est un projet pédagogique en quelque sorte, un objet concret, réel, qui montre que **1) c'est possible** : des hommes dont ce n'est pas le métier peuvent écrire une Constitution, et **2) c'est beaucoup mieux** : quand ils n'écrivent pas des règles pour eux-mêmes, quand ils n'ont pas un intérêt personnel à l'impuissance des citoyens, les délégués constituants écrivent les règles d'une authentique démocratie. Merci à tous pour ce travail formidable. C'est un chantier à prolonger.

Amitiés. Étienne. »

MODE D'EMPLOI

À partir des pages suivantes, la présentation comprend trois éléments :
– **sur les pages de gauche : la Constitution actuelle**, accompagnés du pictogramme de danger : ⚠, car elle nous tient tous à l'écart du pouvoir ;
– **sur les pages de droite : notre projet de Constitution**, appelé « Plan C » (il n'est pas calqué sur l'ordre de la Constitution de 1958 et il se lit indépendamment). Il est accompagné par le pictogramme du soleil qui se lève : ☀ ; ce symbole est aussi présent sur les dernières pages de gauche, pour les textes autres que la Constitution de 1958 à conserver ;
– **des lignes vierges des deux côtés, afin que vous puissiez y corriger** et rédiger vous-mêmes des/les articles de notre future Constitution commune à partir de l'un ou l'autre des deux chantiers.

Le Plan C est écrit en langage simple pour que tout citoyen puisse le lire. Ainsi, les habitudes du droit constitutionnel ne sont pas respectées, de façon à atteindre les deux objectifs de lisibilité et de clarté.
Le texte y est parfois assorti de commentaires : ils sont caractérisés en italiques et entre crochets, ou entre parenthèses à l'intérieur des articles. Certaines phrases sont barrées mais laissées volontairement, afin de signaler une réflexion collective sur le sujet.

Remarque : Au cours de nos ateliers et réflexions communes sur le Référendum d'initiative citoyenne (Ric), ont été proposées des modifications des articles 3, 11, 24, 39, 60 et 89 de la Constitution de 1958. Elles ont été insérées au sein du Plan C, face aux articles de la Constitution actuelle en page de gauche (dans des encadrés, afin de les distinguer). Ces points sont particulièrement d'actualité avec l'aspiration populaire au Ric défendu par les Gilets jaunes.

Note de l'éditeur : Nous avons un peu « tassé » les textes, c'est-à-dire réduit les polices de caractère et les marges, afin de diminuer le nombre de pages, donc la consommation de papier et le coût de ce livre, pour que le plus grand nombre puisse y avoir accès.

⚠

Chantier n° 1 : s'exercer à partir de
la Constitution actuelle (du 4 octobre 1958)

PRÉAMBULE

Le peuple français proclame solennellement son attachement aux Droits de l'Homme et aux principes de la souveraineté nationale tels qu'ils ont été définis par la Déclaration de 1789, confirmée et complétée par le préambule de la Constitution de 1946, ainsi qu'aux droits et devoirs définis dans la Charte de l'environnement de 2004.

En vertu de ces principes et de celui de la libre détermination des peuples, la République offre aux territoires d'outre-mer qui manifestent la volonté d'y adhérer des institutions nouvelles fondées sur l'idéal commun de liberté, d'égalité et de fraternité et conçues en vue de leur évolution démocratique.

[I-26, p. 43]

_____

_____

_____

_____

Article 1er

La France est une République indivisible, laïque, démocratique et sociale. Elle assure l'égalité devant la loi de tous les citoyens sans distinction d'origine, de race ou de religion. Elle respecte toutes les croyances. Son organisation est décentralisée.

La loi favorise l'égal accès des femmes et des hommes aux mandats électoraux et fonctions électives, ainsi qu'aux responsabilités professionnelles et sociales.

_____

_____

_____

_____

Chantier n° 2 : s'exercer à partir d'une Constitution d'origine citoyenne (Plan C)

I. Introduction au projet

Ce projet est pensé pour une nation, pas seulement la France. Il faudra ensuite le compléter pour l'Europe (ne pas confondre avec l'Union européenne) et le monde.

Il est écrit en langage simple pour que tout citoyen puisse le lire.

Les habitudes du droit constitutionnel ne sont pas respectées à ce stade de la rédaction, de façon à être lisible par tous. Les inévitables incohérences et oublis seront progressivement corrigés par notre travail collectif bienveillant et constructif.

II. Intention

Nous, simples citoyens librement assemblés, non membres des actuelles institutions et engagés solennellement à ne jamais assumer personnellement les pouvoirs définis par nous-mêmes, conscients de l'importance de nos institutions pour notre protection contre les abus de pouvoir, décidons ici de proposer nous-mêmes une nouvelle Constitution en vue d'établir les fondements d'une authentique Démocratie, prolongement honnête du droit des peuples à disposer d'eux-mêmes.

Débat : Quel Préambule pour une Constitution nationale ?[80][1]

_____

_____

_____

_____

_____

---

1. Chaque débat est disponible en ligne. Le nombre entre crochets, [80] en l'occurrence, correspond à son adresse internet :
http://etienne.chouard.free.fr/forum/viewtopic.php?id=80
Pour consulter un débat signalé dans le livre, remplacer 80 dans l'adresse par le nombre indiqué entre crochets. Ces débats sont une source de réflexion enrichissante.

TITRE Iᵉʳ
DE LA SOUVERAINETÉ
Article 2

La langue de la République est le français.

L'emblème national est le drapeau tricolore, bleu, blanc, rouge.

L'hymne national est la « Marseillaise ».

La devise de la République est « Liberté, Égalité, Fraternité ».

Son principe est : gouvernement du peuple, par le peuple et pour le peuple.

[I-26, p. 43]

_____

_____

⚠ Article 3

La souveraineté nationale appartient au peuple qui l'exerce par ses représentants et par la voie du référendum.

Aucune section du peuple ni aucun individu ne peut s'en attribuer l'exercice.

Le suffrage peut être direct ou indirect dans les conditions prévues par la Constitution. Il est toujours universel, égal et secret.

Sont électeurs, dans les conditions déterminées par la loi, tous les nationaux français majeurs des deux sexes, jouissant de leurs droits civils et politiques.

[II-2, p. 59]

_____

_____

_____

_____

_____

La présente Constitution se découpe en deux parties qui se différencient par leur importance [leur « ordre juridique » : la première commande à la seconde] et par leur procédure de révision :
– **la première partie est le Préambule qui proclame les principes véritablement fondateurs** d'une Démocratie digne de ce nom ; cette partie, qui doit être particulièrement stable, n'est **révisable qu'à une majorité renforcée** (4/5 par ex.) de l'Assemblée constituante, révision confirmée par référendum ;
– **la deuxième partie met en œuvre de façon détaillée les principes** énoncés dans la première ; elle doit offrir de la souplesse aux citoyens pour adapter les modalités de leur souveraineté aux contraintes de l'époque. Elle est **révisable à la majorité qualifiée** (2/3) de l'Assemblée constituante, révision confirmée par référendum.

Article 3 proposé (cf. p. 59)
La souveraineté nationale appartient au peuple qui l'exerce par ses représentants et par la voie du référendum d'initiative citoyenne, en toutes matières y compris constitutionnelle et de ratification des traités ; cet article ne peut être modifié que par voie référendaire.

Aucun pouvoir constitué ne peut changer ne serait-ce qu'une ligne à la Constitution : seule une Assemblée constituante, entérinée par référendum, peut réviser la Constitution.
Notre règle commune supérieure, fondement décisif d'une authentique Démocratie, est « Ce n'est pas aux hommes au pouvoir d'écrire les règles du pouvoir. »

III. Vocabulaire (à compléter)
– État : organisation administrative chargée des pouvoirs et respon-sabilités déléguées par la souveraineté populaire.
– Monnaie scripturale : écriture comptable constatant une dette dans les livres d'une banque ; monnaie temporaire, vouée à la destruction au moment du remboursement. Ce sont tous les instruments de paiement autres que la monnaie fiduciaire. (Définition à revoir...)
– Monnaie fiduciaire : billets et pièces ; monnaie permanente et émise sans contrepartie d'endettement. Synonyme : monnaie centrale.

Article 4

Les partis et groupements politiques concourent à l'expression du suffrage. Ils se forment et exercent leur activité librement. Ils doivent respecter les principes de la souveraineté nationale et de la démocratie. Ils contribuent à la mise en œuvre du principe énoncé au second alinéa de l'article 1er dans les conditions déterminées par la loi.

La loi garantit les expressions pluralistes des opinions et la participation équitable des partis et groupements politiques à la vie démocratique de la Nation.

TITRE II
LE PRÉSIDENT DE LA RÉPUBLIQUE
Article 5

Le Président de la République veille au respect de la Constitution. Il assure, par son arbitrage, le fonctionnement régulier des pouvoirs publics ainsi que la continuité de l'État.

Il est le garant de l'indépendance nationale, de l'intégrité du territoire et du respect des traités.

⚠ Article 6

Le Président de la République est élu pour cinq ans au suffrage universel direct.

Nul ne peut exercer plus de deux mandats consécutifs.

Les modalités d'application du présent article sont fixées par une loi organique.

– Journaliste : il s'agit d'une personne dont l'activité professionnelle est le journalisme. Il rapporte des faits dans l'objectif d'informer le public. Pour des raisons de liberté constitutionnelle (selon les pays), aucun diplôme n'est exigé. *(Définition à revoir.)*

PREMIÈRE PARTIE, PRÉAMBULE
PRINCIPES FONDAMENTAUX DE NOTRE DÉMOCRATIE

Nous, citoyens, isolons les règles les plus importantes de la Démocratie dans une partie distincte, d'une part pour montrer que nous, Peuple souverain, nous savons fort bien les principes qui nous protègent le mieux des tyrans, et d'autre part pour éviter qu'un mouvement de foule éphémère puisse nous en priver.

Tous les articles de la première partie commencent par I-, tous ceux de la deuxième commencent par II-.

Article I-0 : Création monétaire réservée à la puissance publique

Les citoyens interdisent ici solennellement à leurs représentants légitimes de concéder le droit régalien fondamental de création monétaire à des organismes privés : seul l'État, contrôlé par les citoyens, peut créer la monnaie, permanente ou temporaire, dont les hommes ont besoin pour échanger les richesses qu'ils ont créées.

(De cette façon, plus personne ne pourra, par traité par exemple, contraindre l'État à emprunter la monnaie dont le peuple a besoin.)

Tout représentant convaincu d'avoir directement ou indirectement contribué à violer ce principe sera poursuivi pour haute trahison. *(En effet, la perte de la souveraineté monétaire entraîne de facto l'abandon de toute souveraineté.)*

~~La monnaie n'est pas une marchandise.~~ La monnaie doit rester un outil d'échange. Il est du rôle de l'État d'éviter que la monnaie ne devienne rare ou surabondante, ou un objet de spéculation.

⚠ Article 7

Le Président de la République est élu à la majorité absolue des suffrages exprimés. Si celle-ci n'est pas obtenue au premier tour de scrutin, il est procédé le quatorzième jour suivant, à un second tour. Seuls peuvent s'y présenter les deux candidats qui, le cas échéant après retrait de candidats plus favorisés, se trouvent avoir recueilli le plus grand nombre de suffrages au premier tour.

Le scrutin est ouvert sur convocation du Gouvernement.

L'élection du nouveau Président a lieu vingt jours au moins et trente-cinq jours au plus avant l'expiration des pouvoirs du Président en exercice.

En cas de vacance de la Présidence de la République pour quelque cause que ce soit, ou d'empêchement constaté par le Conseil constitutionnel saisi par le Gouvernement et statuant à la majorité absolue de ses membres, les fonctions du Président de la République, à l'exception de celles prévues aux articles 11 et 12 ci-dessous, sont provisoirement exercées par le Président du Sénat et, si celui-ci est à son tour empêché d'exercer ces fonctions, par le Gouvernement.

En cas de vacance ou lorsque l'empêchement est déclaré définitif par le Conseil constitutionnel, le scrutin pour l'élection du nouveau Président a lieu, sauf cas de force majeure constaté par le Conseil constitutionnel, vingt jours au moins et trente-cinq jours au plus après l'ouverture de la vacance ou la déclaration du caractère définitif de l'empêchement.

Si, dans les sept jours précédant la date limite du dépôt des présentations de candidatures, une des personnes ayant, moins de trente jours avant cette date, annoncé publiquement sa décision d'être candidate décède ou se trouve empêchée, le Conseil constitutionnel peut décider de reporter l'élection.

Si, avant le premier tour, un des candidats décède ou se trouve empêché, le Conseil constitutionnel prononce le report de l'élection.

En cas de décès ou d'empêchement de l'un des deux candidats les plus favorisés au premier tour avant les retraits éventuels, le Conseil constitutionnel déclare qu'il doit être procédé de nouveau à l'ensemble des opérations électorales ; il en est de même en cas de décès ou d'empêchement de l'un des deux candidats restés en présence en vue du second tour.

Dans tous les cas, le Conseil constitutionnel est saisi dans les conditions fixées au deuxième alinéa de l'article 61 ci-dessous ou dans celles déterminées pour la présentation d'un candidat par la loi organique prévue à l'article 6 ci-dessus.

Article I-1 : Autorité du préambule

Les principes proclamés dans ce Préambule s'imposent à toute autre règle sur notre territoire, y compris celles de la présente Constitution (deuxième partie) en cas de doute.

Aucun traité ne peut contredire valablement ces principes.

Débat : Les principes fondamentaux, déclarés en tête de la Constitution, devraient primer sur toute autre règle.[42]

_____

_____

_____

Article I-2 : Honnêteté des Constituants

La parfaite honnêteté des Constituants est une condition majeure pour que la Démocratie puisse naître, évoluer et survivre. L'Assemblée constituante doit être composée de membres totalement désintéressés : les Constituants sont forcément des volontaires (parrainés par x citoyens ?) tirés au sort et réunis en conclave *(isolés des influences extérieures, y compris et surtout des experts)*, mais filmés et diffusés en direct. *(Il faut éviter que les constituants n'écrivent des règles pour eux-mêmes ou pour leurs proches.)*

Les Constituants sont inéligibles (à vie ?) aux fonctions qu'ils ont eux-mêmes instituées.

Débat : Ce n'est pas aux hommes au pouvoir d'écrire les règles du pouvoir – Quelle Assemblée constituante ?[32]

_____

_____

_____

_____

Le Conseil constitutionnel peut proroger les délais prévus aux troisième et cinquième alinéas sans que le scrutin puisse avoir lieu plus de trente-cinq jours après la date de la décision du Conseil constitutionnel. Si l'application des dispositions du présent alinéa a eu pour effet de reporter l'élection à une date postérieure à l'expiration des pouvoirs du Président en exercice, celui-ci demeure en fonction jusqu'à la proclamation de son successeur.

Il ne peut être fait application ni des articles 49 et 50 ni de l'article 89 de la Constitution durant la vacance de la Présidence de la République ou durant la période qui s'écoule entre la déclaration du caractère définitif de l'empêchement du Président de la République et l'élection de son successeur.

[I-11, p. 33 et II-5, p. 63]

Article I-3 : Révisions constitutionnelles

Toute révision de la Constitution impose la réunion d'une Assemblée constituante conformément à l'art. I-2.

L'Assemblée constituante rédige une ou plusieurs propositions, elle les vote à la majorité adéquate (4/5 pour réviser la première partie, 2/3 pour réviser les autres parties) et elle les soumet obligatoirement au référendum (article par article ?).

Article I-4 : Source et contrôle des pouvoirs

Pour être légitime, tout pouvoir doit émaner du Peuple, qui désigne des représentants pour la conduite quotidienne des affaires de la Nation ; mais le Peuple reprend l'exercice direct du pouvoir quand il le juge utile, par les différentes procédures d'initiative populaire.

Contre la tendance naturelle des représentants à s'autonomiser et à fuir les responsabilités, la Constitution institue des contrôles, permanents et importants, détaillés ci-après.

La confiance du Peuple ne saurait être accordée sans une importante réserve de défiance.

(Grande leçon de Pierre Rosanvallon : « Importance cardinale des pouvoirs de surveillance dans une démocratie » : http://etienne.chouard. free.fr/Europe/Journal.php#RosanvallonImportantPouvoirSurveillance « Les mises à l'épreuve d'un jugement », peut-être la plus importance des leçons de Pierre Rosanvallon http://etienne.chouard.free.fr/Europe/ forum/index.php?2006/05/08/39-mises-a-lepreuve-dun-jugement)

Débat : Les élus devraient rendre des comptes à la fin de leur mandat (impératif).[21]

⚠ Article 8

Le Président de la République nomme le Premier ministre. Il met fin à ses fonctions sur la présentation par celui-ci de la démission du Gouvernement.

Sur la proposition du Premier ministre, il nomme les autres membres du Gouvernement et met fin à leurs fonctions.

⚠ Article 9

Le Président de la République préside le Conseil des ministres.

⚠ Article 10

Le Président de la République promulgue les lois dans les quinze jours qui suivent la transmission au Gouvernement de la loi définitivement adoptée.

Il peut, avant l'expiration de ce délai, demander au Parlement une nouvelle délibération de la loi ou de certains de ses articles. Cette nouvelle délibération ne peut être refusée.

Article I-5 : Séparation des pouvoirs

Les pouvoirs doivent être séparés pour être affaiblis.

Le pouvoir législatif élabore les lois sans les exécuter ; le pouvoir exécutif utilise la force publique pour appliquer les lois sans jamais les écrire si peu que ce soit ; le pouvoir judiciaire tranche les conflits ; le pouvoir médiatique garantit une information honnête et respectueuse des droits de l'homme ; le pouvoir monétaire garantit la disponibilité pour tous d'une masse monétaire suffisante : ni trop, ni trop peu, ni chômage de masse, ni inflation galopante. Les cinq pouvoirs travaillent sous le contrôle permanent des citoyens qui sont toujours l'arbitre ultime.

Les assemblées déterminent librement leur ordre du jour, sous réserve des initiatives populaires de l'art. I-12 qui s'imposent de droit dans les débats.

La confusion des pouvoirs, de même que tout pouvoir hors de tout contrôle citoyen, rend légitime l'insurrection populaire.

L'État protège les citoyens « lanceurs d'alerte » contre l'intimidation des plus grands acteurs économiques.

Débat : Séparation des pouvoirs.[18]

_____

_____

_____

_____

Article I-6: Rotation des charges

Absolument aucun pouvoir ne doit rester longtemps dans les mêmes mains : ni parlementaire, ni gouvernemental, ni judiciaire, ni médiatique, ni monétaire.

Les mandats doivent être courts et non renouvelables.

Débat : Les mandats devraient être non renouvelables (ou peu).[37]

_____

_____

_____

⚠ Article 11

Le Président de la République, sur proposition du Gouvernement pendant la durée des sessions ou sur proposition conjointe des deux assemblées, publiées au Journal officiel, peut soumettre au référendum tout projet de loi portant sur l'organisation des pouvoirs publics, sur des réformes relatives à la politique économique, sociale ou environnementale de la Nation et aux services publics qui y concourent, ou tendant à autoriser la ratification d'un traité qui, sans être contraire à la Constitution, aurait des incidences sur le fonctionnement des institutions.

Lorsque le référendum est organisé sur proposition du Gouvernement, celui-ci fait, devant chaque assemblée, une déclaration qui est suivie d'un débat.

Un référendum portant sur un objet mentionné au premier alinéa peut être organisé à l'initiative d'un cinquième des membres du Parlement, soutenue par un dixième des électeurs inscrits sur les listes électorales. Cette initiative prend la forme d'une proposition de loi et ne peut avoir pour objet l'abrogation d'une disposition législative promulguée depuis moins d'un an.

Les conditions de sa présentation et celles dans lesquelles le Conseil constitutionnel contrôle le respect des dispositions de l'alinéa précédent sont déterminées par une loi organique.

Si la proposition de loi n'a pas été examinée par les deux assemblées dans un délai fixé par la loi organique, le Président de la République la soumet au référendum.

Lorsque la proposition de loi n'est pas adoptée par le peuple français, aucune nouvelle proposition de référendum portant sur le même sujet ne peut être présentée avant l'expiration d'un délai de deux ans suivant la date du scrutin.

Lorsque le référendum a conclu à l'adoption du projet ou de la proposition de loi, le Président de la République promulgue la loi dans les quinze jours qui suivent la proclamation des résultats de la consultation.

Article 11 : supprimé et remplacé par :

MODALITÉS PRATIQUES DU RIC

La Chambre des référendums (tirée au sort) organise le planning des référendums et contrôle les débats contradictoires (la mise en scène des conflits) avant tout référendum, sur le site des référendums et sur la télévision des référendums, pour éclairer l'opinion pendant au moins six mois avant le vote. Deux fêtes des référendums sont organisées chaque année, le 4 février et le 4 août, fériés et chômés.

SEUILS DE DÉCLENCHEMENT

- Toute **initiative collective** regroupant l'appui de 1 % des inscrits (400 000 électeurs) [ou 0,5 %] entraîne son inscription automatique (sans filtre) sur le calendrier des référendums, au moins six mois plus tard.
- **Initiative individuelle** filtrée par la Chambre : un citoyen seul peut présenter une initiative devant la Chambre des référendums, qui lui doit une heure d'audience (ou davantage si la Chambre le juge nécessaire) pour expliquer son idée. Cette Chambre décide alors soit de rejeter l'initiative individuelle, soit de l'inscrire au calendrier des référendums.
- **Initiative individuelle par cercles croissants** : tout citoyen peut, par ses propres moyens, consulter ses concitoyens.
Si l'échantillon consulté (plus de 1 000 personnes sur une même localité, village, rue...) est favorable à l'initiative, la municipalité ou les municipalités des citoyens consultés doivent organiser rapidement un référendum municipal.
Si le référendum municipal est favorable à l'initiative, le département dont dépend la municipalité doit organiser rapidement un référendum départemental.
Si le référendum départemental est favorable à l'initiative, la nation doit organiser un référendum national.
Tout résultat défavorable avant d'atteindre l'échelle nationale met fin à la progression de l'initiative mais pas aux résultats acquis jusque là.

.../...

_____

_____

_____

_____

Article 12

Le Président de la République peut, après consultation du Premier ministre et des Présidents des assemblées, prononcer la dissolution de l'Assemblée nationale.

Les élections générales ont lieu vingt jours au moins et quarante jours au plus après la dissolution.

L'Assemblée nationale se réunit de plein droit le deuxième jeudi qui suit son élection. Si cette réunion a lieu en dehors de la période prévue pour la session ordinaire, une session est ouverte de droit pour une durée de quinze jours.

Il ne peut être procédé à une nouvelle dissolution dans l'année qui suit ces élections.

⚠ Article 13

Le Président de la République signe les ordonnances et les décrets délibérés en Conseil des ministres.

Il nomme aux emplois civils et militaires de l'État.

Les conseillers d'État, le grand chancelier de la Légion d'honneur, les ambassadeurs et envoyés extraordinaires, les conseillers maîtres à la Cour des comptes, les préfets, les représentants de l'État dans les collectivités d'outre-mer régies par l'article 74 et en Nouvelle-Calédonie, les officiers généraux, les recteurs des académies, les directeurs des administrations centrales sont nommés en Conseil des ministres.

Une loi organique détermine les autres emplois auxquels il est pourvu en Conseil des ministres ainsi que les conditions dans lesquelles le pouvoir de nomination du Président de la République peut être par lui délégué pour être exercé en son nom.

Une loi organique détermine les emplois ou fonctions, autres que ceux mentionnés au troisième alinéa, pour lesquels, en raison de leur importance pour la garantie des droits et libertés ou la vie économique et sociale de la Nation, le pouvoir de nomination du Président de la République s'exerce après avis public de la commission permanente compétente de chaque assemblée. Le Président de la République ne

Article 11 modifié (suite)

DÉLAIS ET ORGANISATION DE DÉBATS CONTRADICTOIRES
pour éclairer l'opinion avant le vote

- Tout référendum doit être précédé d'une période d'au moins six mois de débats contradictoires complets, pour éclairer l'opinion. La Chambre des référendums est chargée de l'organisation et du contrôle de la qualité de ces débats.
- L'opinion des citoyens doit être honnêtement et complètement éclairée en toute circonstance. Dans ce but, tous les médias du pays (journaux, radios, télévisions, agences de presse, instituts de sondage et de statistiques) doivent appartenir à leurs journalistes et employés du moment. Aucune personne, physique ou morale, ne peut acheter un média quel qu'il soit.
Les actuels propriétaires des médias doivent les céder gratuitement à leurs employés. La Chambre des médias (tirée au sort) veille à l'application de ces règles et aux justes dédommagements qui s'imposent.

FORCE CONTRAIGNANTE AUTOMATIQUE ET
ABSENCE D'« ORGANES DE CONTRÔLE »
(« Cour suprême » ou autre « Conseil constitutionnel »
oligarchique et démophobe)

- Une fois l'initiative populaire votée à la majorité, la Chambre des référendums contrôle l'honnêteté des scrutins et doit déclarer la décision prise, sans qu'aucun organe ne puisse s'opposer à la volonté populaire.
- Une décision prise par Ric est supérieure à toute autre norme : règlements, lois, constitution ou traités ; en France, le peuple est souverain, vraiment.

peut procéder à une nomination lorsque l'addition des votes négatifs dans chaque commission représente au moins trois cinquièmes des suffrages exprimés au sein des deux commissions. La loi détermine les commissions permanentes compétentes selon les emplois ou fonctions concernés.

Article 14

Le Président de la République accrédite les ambassadeurs et les envoyés extraordinaires auprès des puissances étrangères ; les ambassadeurs et les envoyés extraordinaires étrangers sont accrédités auprès de lui.

⚠ Article 15

Le Président de la République est le chef des armées. Il préside les conseils et comités supérieurs de la Défense nationale.

⚠ Article 16

Lorsque les institutions de la République, l'indépendance de la Nation, l'intégrité de son territoire ou l'exécution de ses engagements internationaux sont menacées d'une manière grave et immédiate et que le fonctionnement régulier des pouvoirs publics constitutionnels est interrompu, le Président de la République prend les mesures exigées par ces circonstances, après consultation officielle du Premier ministre, des Présidents des assemblées ainsi que du Conseil constitutionnel.

Il en informe la Nation par un message.

Ces mesures doivent être inspirées par la volonté d'assurer aux pouvoirs publics constitutionnels, dans les moindres délais, les moyens d'accomplir leur mission. Le Conseil constitutionnel est consulté à leur sujet.

Le Parlement se réunit de plein droit.

L'Assemblée nationale ne peut être dissoute pendant l'exercice des pouvoirs exceptionnels.

Après trente jours d'exercice des pouvoirs exceptionnels, le Conseil constitutionnel peut être saisi par le Président de l'Assemblée nationale, le Président du Sénat, soixante députés ou soixante sénateurs, aux fins d'examiner si les conditions énoncées au premier alinéa demeurent réunies. Il se prononce dans les délais les plus brefs par un avis public. Il procède de plein droit à cet examen et se prononce dans les mêmes conditions au terme de soixante jours d'exercice des pouvoirs exceptionnels et à tout moment au-delà de cette durée.

Article I-7 : Responsabilité des acteurs publics

Tout agent public et tout élu doit être révocable à tout moment pour les fautes qu'il aurait pu commettre. La procédure de révocation doit être équitable, publique, contradictoire et sujette à recours.

Tout mandat doit prévoir des procédures de reddition des comptes, de contrôle et de sanction.

Tout organe de contrôle élu ou nommé doit être lui-même sous contrôle d'un organe tiré au sort, à mandat court et non renouvelable.

En dernier ressort, l'arbitrage du Peuple, directement consulté à la majorité, est souverain.

Débat : Les élus devraient rendre des comptes à la fin de leur mandat (impératif).[21]

_____

_____

_____

_____

_____

Article I-8 : Droit de parole publique pour tous

Tout citoyen dispose d'un droit de parole publique, à tout moment et à tout propos (*l'isègoria, le droit le plus important pour les démocrates de l'Athènes antique*).

L'État doit garantir aux citoyens une agence de presse, un institut de sondage, des archives en ligne, un média de masse et un réseau social servant de tribunes publiques à toutes les opinions individuelles.

_____

_____

_____

_____

Article 17

Le Président de la République a le droit de faire grâce à titre individuel.

Article 18

Le Président de la République communique avec les deux assemblées du Parlement par des messages qu'il fait lire et qui ne donnent lieu à aucun débat.

Il peut prendre la parole devant le Parlement réuni à cet effet en Congrès. Sa déclaration peut donner lieu, hors sa présence, à un débat qui ne fait l'objet d'aucun vote.

Hors session, les assemblées parlementaires sont réunies spécialement à cet effet.

Article 19

Les actes du Président de la République autres que ceux prévus aux articles 8 (premier alinéa), 11, 12, 16, 18, 54, 56 et 61 sont contresignés par le Premier ministre et, le cas échéant, par les ministres responsables.

_____

_____

_____

_____

TITRE III
LE GOUVERNEMENT
⚠ Article 20

Le Gouvernement détermine et conduit la politique de la Nation.

Il dispose de l'administration et de la force armée.

Il est responsable devant le Parlement dans les conditions et suivant les procédures prévues aux articles 49 et 50.

Article 21

Le Premier ministre dirige l'action du Gouvernement. Il est responsable de la Défense nationale. Il assure l'exécution des lois. Sous réserve des dispositions de l'article 13, il exerce le pouvoir réglementaire et nomme aux emplois civils et militaires.

Il peut déléguer certains de ses pouvoirs aux ministres.

Il supplée, le cas échéant, le Président de la République dans la présidence des conseils et comités prévus à l'article 15.

Article I-9 : Information indépendante

L'information des citoyens doit avoir des sources multiples et surtout indépendantes, à la fois des pouvoirs politiques et des forces économiques.

Sont concernés par ce principe d'indépendance nécessaire, les journaux, la radio et la télévision, mais aussi les instituts de sondage et les instituts statistiques.

Toute concentration de la propriété des médias est combattue par la force publique.

<u>Débat</u> : Les médias d'information doivent être libres, politiquement et économiquement.[19]

_____

_____

_____

_____

Article I-10 : Contrôle citoyen

Une institution de Contrôle citoyen (souvent renouvelée, tirée au sort ou élue parmi des non candidats, hors partis) doit être prévue pour placer sous la vigilance du Peuple TOUS les pouvoirs institués, sans exception (y compris cette institution de contrôle elle-même si elle n'est pas tirée au sort).

_____

_____

_____

_____

_____

_____

_____

Il peut, à titre exceptionnel, le suppléer pour la présidence d'un Conseil des ministres en vertu d'une délégation expresse et pour un ordre du jour déterminé.

Article 22

Les actes du Premier ministre sont contresignés, le cas échéant, par les ministres chargés de leur exécution.

Article 23

Les fonctions de membre du Gouvernement sont incompatibles avec l'exercice de tout mandat parlementaire, de toute fonction de représentation professionnelle à caractère national et de tout emploi public ou de toute activité professionnelle.

Une loi organique fixe les conditions dans lesquelles il est pourvu au remplacement des titulaires de tels mandats, fonctions ou emplois.

Le remplacement des membres du Parlement a lieu conformément aux dispositions de l'article 25.

[II-10, p. 81]

TITRE IV
LE PARLEMENT
⚠ Article 24

Le Parlement vote la loi. Il contrôle l'action du Gouvernement. Il évalue les politiques publiques.

Il comprend l'Assemblée nationale et le Sénat.

Les députés à l'Assemblée nationale, dont le nombre ne peut excéder cinq cent soixante-dix-sept, sont élus au suffrage direct.

Le Sénat, dont le nombre de membres ne peut excéder trois cent quarante-huit, est élu au suffrage indirect. Il assure la représentation des collectivités territoriales de la République.

Les Français établis hors de France sont représentés à l'Assemblée nationale et au Sénat.

[II-7 et suivants, p. 65 et suivantes]

Article I-11 : Mandat représentatif

Seul le Peuple est légitime, par référendum, pour définir le mandat de ses représentants (mandataires, délégués, porte-parole... ?), pour choisir leur mode de désignation (élection ou tirage au sort ou autre), pour définir leur statut (revenus, droits et devoirs) et pour les contrôler (reddition des comptes et révocabilité).

_____

_____

_____

_____

> Article 24 proposé
> La loi est votée par le Parlement ou par référendum d'initiative citoyenne. Le Parlement et les citoyens contrôlent l'action du Gouvernement. Ils évaluent les politiques publiques.

_____

_____

Article I-12 : Initiative populaire

La Constitution doit prévoir des procédures qui permettent aux citoyens, à tout moment, de prendre des initiatives et de légiférer eux-mêmes, au lieu de leurs représentants, sur les sujets qu'ils jugent importants.

Le seuil de déclenchement des initiatives n'est pas élevé *(de l'ordre de 1 %, pour ne pas rendre discrètement factices les procédures).*

La Constitution devra aussi tempérer les mouvements de foule et les manipulations intellectuelles en organisant des périodes de débats honnêtes avant que le Peuple tranche sur ses initiatives.

Rien n'est supérieur à une décision prise par référendum.

Débat : Les citoyens devraient pouvoir déclencher eux-mêmes des référendums décisionnels.[22]

⚠ Article 25

Une loi organique fixe la durée des pouvoirs de chaque assemblée, le nombre de ses membres, leur indemnité, les conditions d'éligibilité, le régime des inéligibilités et des incompatibilités.

Elle fixe également les conditions dans lesquelles sont élues les personnes appelées à assurer, en cas de vacance du siège, le remplacement des députés ou des sénateurs jusqu'au renouvellement général ou partiel de l'assemblée à laquelle ils appartenaient ou leur remplacement temporaire en cas d'acceptation par eux de fonctions gouvernementales.

Une commission indépendante, dont la loi fixe la composition et les règles d'organisation et de fonctionnement, se prononce par un avis public sur les projets de texte et propositions de loi délimitant les circonscriptions pour l'élection des députés ou modifiant la répartition des sièges de députés ou de sénateurs.

[II-9, p. 79]

⚠ Article 26

Aucun membre du Parlement ne peut être poursuivi, recherché, arrêté, détenu ou jugé à l'occasion des opinions ou votes émis par lui dans l'exercice de ses fonctions.

Aucun membre du Parlement ne peut faire l'objet, en matière criminelle ou correctionnelle, d'une arrestation ou de toute autre mesure privative ou restrictive de liberté qu'avec l'autorisation du Bureau de l'assemblée dont il fait partie. Cette autorisation n'est pas requise en cas de crime ou délit flagrant ou de condamnation définitive.

La détention, les mesures privatives ou restrictives de liberté ou la poursuite d'un membre du Parlement sont suspendues pour la durée de la session si l'assemblée dont il fait partie le requiert.

L'assemblée intéressée est réunie de plein droit pour des séances supplémentaires pour permettre, le cas échéant, l'application de l'alinéa ci-dessus.

Article I-13 : Suffrage universel

Chaque homme ou femme dispose d'une voix. Cette voix, chaque fois que c'est possible, doit pouvoir exprimer finement sa volonté à l'aide de points, positifs et négatifs. *(Vote préférentiel.)*

Le vote « blanc » sert à contester en bloc tous les choix offerts à un vote ; il doit être décompté et doit déclencher l'annulation de l'élection à partir d'un seuil fixé dans la Constitution.

Toutes les techniques de vote qui ne permettent pas un contrôle direct par les citoyens présents au bureau de vote *(comme les machines à voter)* sont anticonstitutionnelles.

Article I-14 : La commune est l'échelle de référence de la démocratie

La commune est le niveau essentiel de l'expression et de l'action démocratique. *(À préciser.)*

Article I-15 : Loi et volonté générale

La loi **doit être** l'expression de la volonté générale : les représentants du Peuple doivent chercher à connaître la volonté générale et s'en faire la voix unie et puissante, sans jamais substituer leur propre volonté à la volonté générale.

Débat : Le cœur de la Démocratie : formation, expression et respect de la volonté générale.[84]

Toute nouvelle loi doit être accompagnée de la suppression de deux autres. *(Principe puissant pour imposer la simplification forcée des lois en vigueur.)*

⚠ Article 27

Tout mandat impératif est nul.

Le droit de vote des membres du Parlement est personnel.

La loi organique peut autoriser exceptionnellement la délégation de vote. Dans ce cas, nul ne peut recevoir délégation de plus d'un mandat.

[II-7.2, p. 67]

Article 28

Le Parlement se réunit de plein droit en une session ordinaire qui commence le premier jour ouvrable d'octobre et prend fin le dernier jour ouvrable de juin.

Le nombre de jours de séance que chaque assemblée peut tenir au cours de la session ordinaire ne peut excéder cent vingt. Les semaines de séance sont fixées par chaque assemblée.

Le Premier ministre, après consultation du président de l'assemblée concernée, ou la majorité des membres de chaque assemblée peut décider la tenue de jours supplémentaires de séance.

Les jours et les horaires des séances sont déterminés par le règlement de chaque assemblée.

Article 29

Le Parlement est réuni en session extraordinaire à la demande du Premier ministre ou de la majorité des membres composant l'Assemblée nationale, sur un ordre du jour déterminé.

Lorsque la session extraordinaire est tenue à la demande des membres de l'Assemblée nationale, le décret de clôture intervient dès que le Parlement a épuisé l'ordre du jour pour lequel il a été convoqué et au plus tard douze jours à compter de sa réunion.

Le Premier ministre peut seul demander une nouvelle session avant l'expiration du mois qui suit le décret de clôture.

Article 30

Hors les cas dans lesquels le Parlement se réunit de plein droit, les sessions extraordinaires sont ouvertes et closes par décret du Président de la République.

Article I-16 : Égalité devant la loi

Tous les citoyens sont égaux devant la loi, sans distinction d'origine, de race ou de religion.
Tout citoyen a un égal accès aux charges et aux fonctions publiques.

_____

_____

_____

_____

Article I-17 : Laïcité

Chacun est libre de pratiquer la religion de son choix dans sa sphère privée, sans jamais pouvoir imposer un comportement à autrui à travers la sphère publique.
Le droit de moquer les religions, comme de moquer toute autre chose, est un droit supérieur inviolable. En Démocratie, il ne peut pas y avoir de délit de blasphème : la liberté et la publicité des opinions dissidentes sont garanties au-dessus de tout.

_____

_____

_____

_____

Article I-18 : Subordination des pouvoirs militaires

Les pouvoirs militaires sont subordonnés aux pouvoirs civils. *(À préciser.)*

_____

_____

_____

_____

Article 31

Les membres du Gouvernement ont accès aux deux assemblées. Ils sont entendus quand ils le demandent.

Ils peuvent se faire assister par des commissaires du Gouvernement.

Article 32

Le Président de l'Assemblée nationale est élu pour la durée de la législature. Le Président du Sénat est élu après chaque renouvellement partiel.

Article 33

Les séances des deux assemblées sont publiques. Le compte rendu intégral des débats est publié au Journal officiel.

Chaque assemblée peut siéger en comité secret à la demande du Premier ministre ou d'un dixième de ses membres.

_____

_____

_____

_____

_____

TITRE V
DES RAPPORTS ENTRE LE PARLEMENT
ET LE GOUVERNEMENT
⚠ Article 34

La loi fixe les règles concernant :

– les droits civiques et les garanties fondamentales accordées aux citoyens pour l'exercice des libertés publiques ; la liberté, le pluralisme et l'indépendance des médias ; les sujétions imposées par la Défense nationale aux citoyens en leur personne et en leurs biens ;

– la nationalité, l'état et la capacité des personnes, les régimes matrimoniaux, les successions et libéralités ;

– la détermination des crimes et délits ainsi que les peines qui leur sont applicables ; la procédure pénale ; l'amnistie ; la création de nouveaux ordres de juridiction et le statut des magistrats ;

– l'assiette, le taux et les modalités de recouvrement des impositions de toutes natures ; le régime d'émission de la monnaie.

Article I-19 : Participation directe des citoyens aux choix de société
Les parlementaires doivent, sur les sujets les plus importants, consulter directement les citoyens par référendum et tenir compte de cet avis dans les lois qu'ils préparent.
Aucune nationalisation ou privatisation ne peut avoir lieu sans référendum.

_____

_____

_____

_____

Article I-20 : Contrôle des comptes de la Nation
Les comptes de la Nation sont contrôlés à tout moment par une Cour des comptes puissante et elle-même sous contrôle citoyen, capable d'ester en justice et de mettre en cause rapidement la responsabilité des agents de l'État, quels qu'ils soient.

_____

_____

_____

_____

Article I-21 : Contrôle constitutionnel
Le contrôle constitutionnel est effectué par un organe qui doit être lui-même sous contrôle citoyen.
Débat : L'éventuel CC ne domine pas le Parlement.[18]
Débat : L'éventuel CC doit être lui-même sous contrôle citoyen.[40]

_____

_____

_____

La loi fixe également les règles concernant :
– le régime électoral des assemblées parlementaires, des assemblées locales et des instances représentatives des Français établis hors de France ainsi que les conditions d'exercice des mandats électoraux et des fonctions électives des membres des assemblées délibérantes des collectivités territoriales ;
– la création de catégories d'établissements publics ;
– les garanties fondamentales accordées aux fonctionnaires civils et militaires de l'État ;
– les nationalisations d'entreprises et les transferts de propriété d'entreprises du secteur public au secteur privé.
La loi détermine les principes fondamentaux :
– de l'organisation générale de la Défense nationale ;
– de la libre administration des collectivités territoriales, de leurs compétences et de leurs ressources ;
– de l'enseignement ;
– de la préservation de l'environnement ;
– du régime de la propriété, des droits réels et des obligations civiles et commerciales ;
– du droit du travail, du droit syndical et de la sécurité sociale.
Les lois de finances déterminent les ressources et les charges de l'État dans les conditions et sous les réserves prévues par une loi organique.
Les lois de financement de la sécurité sociale déterminent les conditions générales de son équilibre financier et, compte tenu de leurs prévisions de recettes, fixent ses objectifs de dépenses, dans les conditions et sous les réserves prévues par une loi organique.
Des lois de programmation déterminent les objectifs de l'action de l'État. Les orientations pluriannuelles des finances publiques sont définies par des lois de programmation. Elles s'inscrivent dans l'objectif d'équilibre des comptes des administrations publiques.
Les dispositions du présent article pourront être précisées et complétées par une loi organique.

Article I-22 : Transferts de souveraineté
Les transferts de souveraineté sont sous le contrôle direct des citoyens : aucun parlementaire, aucun ministre, aucun juge, ne peut disposer de la souveraineté nationale (sans référendum).

Article I-23 : Traités
Les traités doivent impérativement respecter la Constitution, conformément à l'article 1.21, et être confirmés par référendum pour prendre leur force juridique.

Article I-24 : Interdiction générale de la misère
La misère est anticonstitutionnelle. L'État sert à nous protéger tous contre cette extrémité individuelle.

Article 34-1

Les assemblées peuvent voter des résolutions dans les conditions fixées par la loi organique.

Sont irrecevables et ne peuvent être inscrites à l'ordre du jour les propositions de résolution dont le Gouvernement estime que leur adoption ou leur rejet serait de nature à mettre en cause sa responsabilité ou qu'elles contiennent des injonctions à son égard.

⚠ Article 35

La déclaration de guerre est autorisée par le Parlement.

Le Gouvernement informe le Parlement de sa décision de faire intervenir les forces armées à l'étranger, au plus tard trois jours après le début de l'intervention. Il précise les objectifs poursuivis. Cette information peut donner lieu à un débat qui n'est suivi d'aucun vote.

Lorsque la durée de l'intervention excède quatre mois, le Gouvernement soumet sa prolongation à l'autorisation du Parlement. Il peut demander à l'Assemblée nationale de décider en dernier ressort.

Si le Parlement n'est pas en session à l'expiration du délai de quatre mois, il se prononce à l'ouverture de la session suivante.

Article 36

L'état de siège est décrété en Conseil des ministres.

Sa prorogation au-delà de douze jours ne peut être autorisée que par le Parlement.

⚠ Article 37

Les matières autres que celles qui sont du domaine de la loi ont un caractère réglementaire.

Les textes de forme législative intervenus en ces matières peuvent être modifiés par décrets pris après avis du Conseil d'État. Ceux de ces textes qui interviendraient après l'entrée en vigueur de la présente Constitution ne pourront être modifiés par décret que si le Conseil constitutionnel a déclaré qu'ils ont un caractère réglementaire en vertu de l'alinéa précédent.

Article 37-1

La loi et le règlement peuvent comporter, pour un objet et une durée limités, des dispositions à caractère expérimental.

Article I-25 : Textes historiques de référence

Nous reconnaissons pleinement et adoptons comme nôtres les textes historiques suivants, dont aucun principe ne doit être contredit par une loi, un règlement ou un traité :
– la Déclaration des droits de l'homme et du citoyen de 1789 (cf. p. 99) et/ou celle de 1793 (cf. p. 102),
– le Préambule de la Constitution de 1946 (cf. p. 105).
Débat : Préambule.[80]
Débat : Prééminence du Préambule.[42]

_____

_____

_____

_____

Article I-26 : Symboles démocratiques

(*Il y a un débat en cours sur notre devise. On rappelle ici les propositions, il reste à choisir, ou à en imaginer d'autres.*)
Débat sur notre devise nationale.[p1917]
Notre devise est : **Fraternité, Égalité, Liberté** (en inversant, cela change tout :
    - la liberté n'est plus confondue avec le libéralisme, car elle procède de la notion d'égalité ;
    - l'égalité n'est plus suspecte d'égalitarisme, puisqu'elle procède de la fraternité ;
Notre devise est : **Liberté, Égalité, Fraternité.**
Notre devise est : **Solidarité, Équité, Liberté.**
Notre devise est : **Égalité, Liberté, Équité, Laïcité** Débat [p1923]
Notre devise est : **Nous agirons pour nos enfants.** Pourquoi ? http://etienne.chouard.free.fr/wikiconstitution/index.php?title=Proposition_Devise_Nationale_1
Notre devise est : **Conscience, Création et Participation.** Pourquoi ? http://etienne.chouard.free.fr/wikiconstitution/index.php?title=Proposition_Devise_Nationale_2
À mon tour, je propose : **Fraternité, Équité, Liberté**, car je préfère l'équité (possible) à l'égalité (galvaudée) AJH 27 septembre 2006.

⚠ Article 38

Le Gouvernement peut, pour l'exécution de son programme, demander au Parlement l'autorisation de prendre par ordonnances, pendant un délai limité, des mesures qui sont normalement du domaine de la loi.

Les ordonnances sont prises en Conseil des ministres après avis du Conseil d'État. Elles entrent en vigueur dès leur publication mais deviennent caduques si le projet de loi de ratification n'est pas déposé devant le Parlement avant la date fixée par la loi d'habilitation. Elles ne peuvent être ratifiées que de manière expresse.

À l'expiration du délai mentionné au premier alinéa du présent article, les ordonnances ne peuvent plus être modifiées que par la loi dans les matières qui sont du domaine législatif.

_____

_____

⚠ Article 39

L'initiative des lois appartient concurremment au Premier ministre et aux membres du Parlement.

Les projets de loi sont délibérés en Conseil des ministres après avis du Conseil d'État et déposés sur le bureau de l'une des deux assemblées. Les projets de loi de finances et de loi de financement de la sécurité sociale sont soumis en premier lieu à l'Assemblée nationale. Sans préjudice du premier alinéa de l'article 44, les projets de loi ayant pour principal objet l'organisation des collectivités territoriales sont soumis en premier lieu au Sénat.

La présentation des projets de loi déposés devant l'Assemblée nationale ou le Sénat répond aux conditions fixées par une loi organique.

Les projets de loi ne peuvent être inscrits à l'ordre du jour si la Conférence des présidents de la première assemblée saisie constate que les règles fixées par la loi organique sont méconnues. En cas de désaccord entre la Conférence des présidents et le Gouvernement, le président de l'assemblée intéressée ou le Premier ministre peut saisir le Conseil constitutionnel qui statue dans un délai de huit jours.

Dans les conditions prévues par la loi, le président d'une assemblée peut soumettre pour avis au Conseil d'État, avant son examen en commission, une proposition de loi déposée par l'un des membres de cette assemblée, sauf si ce dernier s'y oppose.

La fête nationale est le 14 juillet. Tous les référendums d'initiative populaire de l'année sont soumis au vote ce jour-là. Ce jour est férié, chômé et payé. Il porte le nom de « **journée du référendum** ». *(À corriger si l'on prévoit deux ou quatre fêtes du référendum par an ; en Suisse, il y en a quatre.)*

> ### Article 39 proposé
> L'initiative des lois appartient concurremment au Premier ministre, aux membres du Parlement et aux citoyens.

Article 40

Les propositions et amendements formulés par les membres du Parlement ne sont pas recevables lorsque leur adoption aurait pour conséquence soit une diminution des ressources publiques, soit la création ou l'aggravation d'une charge publique.

Article 41

S'il apparaît au cours de la procédure législative qu'une proposition ou un amendement n'est pas du domaine de la loi ou est contraire à une délégation accordée en vertu de l'article 38, le Gouvernement ou le président de l'assemblée saisie peut opposer l'irrecevabilité.

En cas de désaccord entre le Gouvernement et le président de l'assemblée intéressée, le Conseil constitutionnel, à la demande de l'un ou de l'autre, statue dans un délai de huit jours.

[II-7.4, p. 69]

_____

_____

_____

Article 42

La discussion des projets et des propositions de loi porte, en séance, sur le texte adopté par la commission saisie en application de l'article 43 ou, à défaut, sur le texte dont l'assemblée a été saisie.

Toutefois, la discussion en séance des projets de révision constitutionnelle, des projets de loi de finances et des projets de loi de financement de la sécurité sociale porte, en première lecture devant la première assemblée saisie, sur le texte présenté par le Gouvernement et, pour les autres lectures, sur le texte transmis par l'autre assemblée.

La discussion en séance, en première lecture, d'un projet ou d'une proposition de loi ne peut intervenir, devant la première assemblée saisie, qu'à l'expiration d'un délai de six semaines après son dépôt. Elle ne peut intervenir, devant la seconde assemblée saisie, qu'à l'expiration d'un délai de quatre semaines à compter de sa transmission.

L'alinéa précédent ne s'applique pas si la procédure accélérée a été engagée dans les conditions prévues à l'article 45. Il ne s'applique pas non plus aux projets de loi de finances, aux projets de loi de financement de la sécurité sociale et aux projets relatifs aux états de crise.

DEUXIÈME PARTIE
MODALITÉS CONSTITUTIONNELLES DE NOTRE DÉMOCRATIE

Cette deuxième partie décline les principes fondamentaux définis dans la première, sous forme de modalités plus facilement révisables : c'est notre Constitution détaillée.

Article II-0 : Création monétaire réservée à la puissance publique
L'institut d'émission monétaire (IEM) est en charge des questions monétaires.

Il est seul à créer la monnaie, qu'il prête aux ~~banques privées~~ établissements financiers et qu'il confie aux collectivités publiques (État, Régions, Départements, Communes), au gré des besoins.

La politique suivie par l'IEM est définie par ~~le Parlement~~ la Chambre de contrôle de la monnaie (tirée au sort), qui nomme et révoque ses directeurs.

_____

_____

_____

Article II-1 : Missions de l'État
Les missions que nous confions à l'État sont les suivantes :
Débat : Missions État.[78]
a) L'État et ses agents œuvrent à l'émancipation des citoyens, notamment en garantissant leur honnête information
L'information fiable est une condition majeure de la liberté et de la résistance à l'oppression des citoyens qui s'organisent donc eux-mêmes pour la garantir ici contre l'appropriation et la manipulation.
L'appropriation privée des ~~télévisions~~ médias est interdite.
Nul ne peut posséder, en son nom ou par ses proches, (plus de ?) un journal ou une radio ou une télévision.

_____

_____

_____

Article 43

Les projets et propositions de loi sont envoyés pour examen à l'une des commissions permanentes dont le nombre est limité à huit dans chaque assemblée.

À la demande du Gouvernement ou de l'assemblée qui en est saisie, les projets ou propositions de loi sont envoyés pour examen à une commission spécialement désignée à cet effet.

Article 44

Les membres du Parlement et le Gouvernement ont le droit d'amendement. Ce droit s'exerce en séance ou en commission selon les conditions fixées par les règlements des assemblées, dans le cadre déterminé par une loi organique.

Après l'ouverture du débat, le Gouvernement peut s'opposer à l'examen de tout amendement qui n'a pas été antérieurement soumis à la commission.

Si le Gouvernement le demande, l'assemblée saisie se prononce par un seul vote sur tout ou partie du texte en discussion en ne retenant que les amendements proposés ou acceptés par le Gouvernement.

_____

_____

_____

Article 45

Tout projet ou proposition de loi est examiné successivement dans les deux assemblées du Parlement en vue de l'adoption d'un texte identique. Sans préjudice de l'application des articles 40 et 41, tout amendement est recevable en première lecture dès lors qu'il présente un lien, même indirect, avec le texte déposé ou transmis.

Lorsque, par suite d'un désaccord entre les deux assemblées, un projet ou une proposition de loi n'a pu être adopté après deux lectures par chaque assemblée ou, si le Gouvernement a décidé d'engager la procédure accélérée sans que les Conférences des présidents s'y soient conjointement opposées, après une seule lecture par chacune d'entre elles, le Premier ministre ou, pour une proposition de loi, les présidents des deux assemblées agissant conjointement, ont la faculté de provoquer la réunion d'une commission mixte paritaire chargée de proposer un texte sur les dispositions restant en discussion.

Un Conseil supérieur des média (CSM), à la fois indépendant de l'exécutif et des entreprises, veille à la qualité des informations diffusées sur le territoire : pluralisme, honnêteté, priorité de l'intérêt général.
Le CSM est un organe aussi important que le Gouvernement ou le Parlement : il est tiré au sort sur les listes électorales.
La réclame est interdite sur tous les médias publics. L'État subvient aux besoins des médias publics sans imposer de contrainte d'audience. Le CSM est juge des décisions à prendre en matière déontologique.
<u>Débat</u> : Médias.[19]

_____

_____

_____

_____

_____

b) L'État veille au respect de l'ordre public et à la répartition équitable des richesses produites
Répartition équitable ne signifie pas égalitariste : l'État fixe et tient à jour un revenu minimum et **un revenu maximum**, en proportion des revenus moyens du moment. De même, il fixe et tient à jour un patrimoine minimum et **un patrimoine maximum**, en proportion des patrimoines moyens du moment.

_____

_____

_____

_____

_____

Le texte élaboré par la commission mixte peut être soumis par le Gouvernement pour approbation aux deux assemblées. Aucun amendement n'est recevable sauf accord du Gouvernement.

Si la commission mixte ne parvient pas à l'adoption d'un texte commun ou si ce texte n'est pas adopté dans les conditions prévues à l'alinéa précédent, le Gouvernement peut, après une nouvelle lecture par l'Assemblée nationale et par le Sénat, demander à l'Assemblée nationale de statuer définitivement. En ce cas, l'Assemblée nationale peut reprendre soit le texte élaboré par la commission mixte, soit le dernier texte voté par elle, modifié le cas échéant par un ou plusieurs des amendements adoptés par le Sénat.

_____

_____

_____

_____

_____

⚠ Article 46

Les lois auxquelles la Constitution confère le caractère de lois organiques sont votées et modifiées dans les conditions suivantes.

Le projet ou la proposition ne peut, en première lecture, être soumis à la délibération et au vote des assemblées qu'à l'expiration des délais fixés au troisième alinéa de l'article 42. Toutefois, si la procédure accélérée a été engagée dans les conditions prévues à l'article 45, le projet ou la proposition ne peut être soumis à la délibération de la première assemblée saisie avant l'expiration d'un délai de quinze jours après son dépôt.

La procédure de l'article 45 est applicable. Toutefois, faute d'accord entre les deux assemblées, le texte ne peut être adopté par l'Assemblée nationale en dernière lecture qu'à la majorité absolue de ses membres.

Les lois organiques relatives au Sénat doivent être votées dans les mêmes termes par les deux assemblées.

Les lois organiques ne peuvent être promulguées qu'après déclaration par le Conseil constitutionnel de leur conformité à la Constitution.

c) L'État protège les personnes physiques contre les personnes morales, notamment en empêchant ces dernières de grandir excessivement

Nulle entreprise ne peut avoir un budget supérieur au centième de celui de la nation.

La loi et les citoyens par Ric fixent les conditions de partitionnement des entreprises qui menacent l'autorité publique et l'intérêt général par leur taille.

_____

_____

_____

_____

_____

d) L'État protège à la fois la propriété et le travail

Nul propriétaire ne peut retirer arbitrairement leur travail aux travailleurs de son entreprise pour s'enrichir : la vente ou la liquidation d'une entreprise est décidée à part égale par les propriétaires du capital et par les salariés de l'entreprise.

La répartition des richesses créées par l'entreprise est décidée conjointement par les propriétaires du capital et par les travailleurs.

(Rien ne justifie que le seul droit de propriété sur le capital donne la totalité du pouvoir sur les richesses produites par les deux facteurs de production, travail et capital, dont l'un serait l'esclave de l'autre.)

_____

_____

_____

_____

_____

⚠ Article 47

Le Parlement vote les projets de loi de finances dans les conditions prévues par une loi organique.

Si l'Assemblée nationale ne s'est pas prononcée en première lecture dans le délai de quarante jours après le dépôt d'un projet, le Gouvernement saisit le Sénat qui doit statuer dans un délai de quinze jours. Il est ensuite procédé dans les conditions prévues à l'article 45.

Si le Parlement ne s'est pas prononcé dans un délai de soixante-dix jours, les dispositions du projet peuvent être mises en vigueur par ordonnance.

Si la loi de finances fixant les ressources et les charges d'un exercice n'a pas été déposée en temps utile pour être promulguée avant le début de cet exercice, le Gouvernement demande d'urgence au Parlement l'autorisation de percevoir les impôts et ouvre par décret les crédits se rapportant aux services votés.

Les délais prévus au présent article sont suspendus lorsque le Parlement n'est pas en session.

_____

_____

_____

_____

⚠ Article 47-1

Le Parlement vote les projets de loi de financement de la sécurité sociale dans les conditions prévues par une loi organique.

Si l'Assemblée nationale ne s'est pas prononcée en première lecture dans le délai de vingt jours après le dépôt d'un projet, le Gouvernement saisit le Sénat qui doit statuer dans un délai de quinze jours. Il est ensuite procédé dans les conditions prévues à l'article 45.

Si le Parlement ne s'est pas prononcé dans un délai de cinquante jours, les dispositions du projet peuvent être mises en œuvre par ordonnance.

Les délais prévus au présent article sont suspendus lorsque le Parlement n'est pas en session et, pour chaque assemblée, au cours des semaines où elle a décidé de ne pas tenir séance, conformément au deuxième alinéa de l'article 28.

e) L'État organise, finance et protège les services publics (liste des SP protégés)

Aucune loi ne peut privatiser les services suivants que les citoyens décident ici de gérer collectivement **sans but lucratif ni souci prioritaire de rentabilité** :

Police

Justice

Éducation nationale

Armée

Hôpitaux

Assurances sociales minimum :

> – Assurance maladie
> – Assurance chômage
> – Assurance retraite
> – Allocations familiales

Production et distribution de l'eau

Production et distribution de l'énergie

Production des médicaments et instruments de soin

Transports par routes, autoroutes et voies ferrées

Production et distribution de l'information, à l'exception de la presse et des radios :

> – Télévision
> – Instituts de production de statistiques
> – Instituts de sondages
> – Téléphone et courrier postal.

Création monétaire sans intérêt et système bancaire (chambre de compensation ?)

Grande distribution.

_____

_____

_____

_____

_____

_____

⚠ Article 47-2

La Cour des comptes assiste le Parlement dans le contrôle de l'action du Gouvernement. Elle assiste le Parlement et le Gouvernement dans le contrôle de l'exécution des lois de finances et de l'application des lois de financement de la sécurité sociale ainsi que dans l'évaluation des politiques publiques. Par ses rapports publics, elle contribue à l'information des citoyens.

Les comptes des administrations publiques sont réguliers et sincères. Ils donnent une image fidèle du résultat de leur gestion, de leur patrimoine et de leur situation financière.

[II-8.2 et II-8.3, p. 73 et I-20, p. 39]

⚠ Article 48

Sans préjudice de l'application des trois derniers alinéas de l'article 28, l'ordre du jour est fixé par chaque assemblée.

Deux semaines de séance sur quatre sont réservées par priorité, et dans l'ordre que le Gouvernement a fixé, à l'examen des textes et aux débats dont il demande l'inscription à l'ordre du jour.

En outre, l'examen des projets de loi de finances, des projets de loi de financement de la sécurité sociale et, sous réserve des dispositions de l'alinéa suivant, des textes transmis par l'autre assemblée depuis six semaines au moins, des projets relatifs aux états de crise et des demandes d'autorisation visées à l'article 35 est, à la demande du Gouvernement, inscrit à l'ordre du jour par priorité.

Une semaine de séance sur quatre est réservée par priorité et dans l'ordre fixé par chaque assemblée au contrôle de l'action du Gouvernement et à l'évaluation des politiques publiques.

Un jour de séance par mois est réservé à un ordre du jour arrêté par chaque assemblée à l'initiative des groupes d'opposition de l'assemblée intéressée ainsi qu'à celle des groupes minoritaires.

Une séance par semaine au moins, y compris pendant les sessions extraordinaires prévues à l'article 29, est réservée par priorité aux questions des membres du Parlement et aux réponses du Gouvernement.

f) L'État garantit aux citoyens un droit de parole publique et veille à la publicité des opinions dissidentes en toutes matières

    1) L'État donne aux citoyens toutes les informations pour juger de son travail.

    2) La transparence des décisions publiques est le principe de nos institutions. Le secret est l'exception, sous la surveillance des différentes Chambres de contrôle (tirées au sort).

_____

_____

_____

_____

g) L'État donne aux représentants du Peuple les moyens de légiférer, de gouverner, de juger et d'informer, mais il garantit au Peuple lui-même la priorité de décision sur tous les sujets de société majeurs

Notamment, le référendum d'initiative citoyenne permet aux citoyens de reprendre directement l'ascendant sur leurs représentants chaque fois qu'ils le jugent nécessaire (cf. p. 21).

_____

_____

_____

_____

_____

_____

_____

_____

Article 49

Le Premier ministre, après délibération du Conseil des ministres, engage devant l'Assemblée nationale la responsabilité du Gouvernement sur son programme ou éventuellement sur une déclaration de politique générale.

L'Assemblée nationale met en cause la responsabilité du Gouvernement par le vote d'une motion de censure. Une telle motion n'est recevable que si elle est signée par un dixième au moins des membres de l'Assemblée nationale. Le vote ne peut avoir lieu que quarante-huit heures après son dépôt. Seuls sont recensés les votes favorables à la motion de censure qui ne peut être adoptée qu'à la majorité des membres composant l'Assemblée. Sauf dans le cas prévu à l'alinéa ci-dessous, un député ne peut être signataire de plus de trois motions de censure au cours d'une même session ordinaire et de plus d'une au cours d'une même session extraordinaire.

Le Premier ministre peut, après délibération du Conseil des ministres, engager la responsabilité du Gouvernement devant l'Assemblée nationale sur le vote d'un projet de loi de finances ou de financement de la sécurité sociale. Dans ce cas, ce projet est considéré comme adopté, sauf si une motion de censure, déposée dans les vingt-quatre heures qui suivent, est votée dans les conditions prévues à l'alinéa précédent. Le Premier ministre peut, en outre, recourir à cette procédure pour un autre projet ou une proposition de loi par session.

Le Premier ministre a la faculté de demander au Sénat l'approbation d'une déclaration de politique générale.

Article 50

Lorsque l'Assemblée nationale adopte une motion de censure ou lorsqu'elle désapprouve le programme ou une déclaration de politique générale du Gouvernement, le Premier ministre doit remettre au Président de la République la démission du Gouvernement.

Article 50-1

Devant l'une ou l'autre des assemblées, le Gouvernement peut, de sa propre initiative ou à la demande d'un groupe parlementaire au sens de l'article 51-1, faire, sur un sujet déterminé, une déclaration qui donne lieu à débat et peut, s'il le décide, faire l'objet d'un vote sans engager sa responsabilité.

h) L'État protège les citoyens contre les excès de la rente

La rente immobilière (location ou spéculation) est interdite.

Nul logement ou terrain ne peut être acquis pour d'autres raisons que pour sa propre utilisation ou celle de sa famille.

La location immobilière (d'un terrain ou d'un immeuble) et la spéculation immobilière (achat pour revente) sont interdites : les logements actuellement à usage spéculatif (sources de rente) doivent être vendus, sous peine d'être confisqués.

(Étonnant mais expressément suggéré par Maurice Allais, prix Nobel d'économie, économiste libéral, qui démontre que la collectivisation des terres est d'intérêt général dans une économie de marchés.)

Article 51

La clôture de la session ordinaire ou des sessions extraordinaires est de droit retardée pour permettre, le cas échéant, l'application de l'article 49. À cette même fin, des séances supplémentaires sont de droit.

Article 51-1

Le règlement de chaque assemblée détermine les droits des groupes parlementaires constitués en son sein. Il reconnaît des droits spécifiques aux groupes d'opposition de l'assemblée intéressée ainsi qu'aux groupes minoritaires.

Article 51-2

Pour l'exercice des missions de contrôle et d'évaluation définies au premier alinéa de l'article 24, des commissions d'enquête peuvent être créées au sein de chaque assemblée pour recueillir, dans les conditions prévues par la loi, des éléments d'information.

La loi détermine leurs règles d'organisation et de fonctionnement. Leurs conditions de création sont fixées par le règlement de chaque assemblée.

TITRE VI
DES TRAITÉS ET ACCORDS INTERNATIONAUX
Article 52

Le Président de la République négocie et ratifie les traités.

Il est informé de toute négociation tendant à la conclusion d'un accord international non soumis à ratification.

Article 53

Les traités de paix, les traités de commerce, les traités ou accords relatifs à l'organisation internationale, ceux qui engagent les finances de l'État, ceux qui modifient des dispositions de nature législative, ceux qui sont relatifs à l'état des personnes, ceux qui comportent cession, échange ou adjonction de territoire, ne peuvent être ratifiés ou approuvés qu'en vertu d'une loi.

Ils ne prennent effet qu'après avoir été ratifiés ou approuvés.

Nulle cession, nul échange, nulle adjonction de territoire n'est valable sans le consentement des populations intéressées.

i) L'État est employeur en dernier ressort

Nous, citoyens constituants (*pléonasme*), dotons notre puissance publique du monopole de la création monétaire pour rendre l'**État employeur en dernier ressort**, c'est-à-dire capable de donner du travail à tous ceux qui veulent travailler.

_____

_____

_____

_____

_____

_____

_____

Souveraineté nationale et volonté générale

Article II-2 : La souveraineté nationale appartient au Peuple qui l'exerce par ses représentants et par la voie du référendum de sa propre initiative (cf. p. 15)

Aucune section du Peuple ni aucun individu ne peut s'en attribuer l'exercice.

Le suffrage peut être direct ou indirect dans les conditions prévues par la Constitution. Il est toujours universel, égal et secret.

Sont électeurs, dans les conditions déterminées par la loi, tous les nationaux français majeurs jouissant de leurs droits civils et politiques. L'inscription sur les listes électorales est automatique.

La loi favorise l'égal accès des femmes et des hommes aux mandats électoraux et fonctions électives.

Les partis et groupements politiques concourent à l'expression du suffrage. Ils se forment et exercent leur activité librement. Ils doivent respecter les principes de la souveraineté nationale et de la démocratie. L'État garantit que les partis ne favorisent pas leurs candidats par rapport aux candidats isolés (parrainés) : tous doivent se présenter aux suffrages avec les mêmes moyens argumentaires : temps de parole, nombre d'affichages et de communiqués diffusés... de façon à ce que

Article 53-1

La République peut conclure avec les États européens qui sont liés par des engagements identiques aux siens en matière d'asile et de protection des Droits de l'Homme et des libertés fondamentales, des accords déterminant leurs compétences respectives pour l'examen des demandes d'asile qui leur sont présentées.

Toutefois, même si la demande n'entre pas dans leur compétence en vertu de ces accords, les autorités de la République ont toujours le droit de donner asile à tout étranger persécuté en raison de son action en faveur de la liberté ou qui sollicite la protection de la France pour un autre motif.

Article 53-2

La République peut reconnaître la juridiction de la Cour pénale internationale dans les conditions prévues par le traité signé le 18 juillet 1998.

Article 54

Si le Conseil constitutionnel, saisi par le Président de la République, par le Premier ministre, par le président de l'une ou l'autre assemblée ou par soixante députés ou soixante sénateurs, a déclaré qu'un engagement international comporte une clause contraire à la Constitution, l'autorisation de ratifier ou d'approuver l'engagement international en cause ne peut intervenir qu'après la révision de la Constitution.

Article 55

Les traités ou accords régulièrement ratifiés ou approuvés ont, dès leur publication, une autorité supérieure à celle des lois, sous réserve, pour chaque accord ou traité, de son application par l'autre partie.

les partis ne soient pas les seuls à présenter des candidats crédibles aux élections et ne soient pas en mesure de discipliner l'assemblée avec une ligne de pensée domestiquée.

Article II-3 : La volonté générale est le cœur de notre Démocratie
L'État est chargé d'**éclairer la formation** de la volonté générale par une honnête et complète information.
L'État favorise **l'expression permanente** de la volonté générale et garantit son **respect absolu**, même entre les élections.
Les représentants élus de la Nation aident à formuler la volonté générale sans y substituer leur propre volonté. **En cas de doute, c'est toujours la consultation directe des citoyens qui prime sur l'opinion de leurs représentants**.
Les représentants élus traitent les affaires courantes en lieu et place des citoyens qu'ils représentent, mais procèdent à la consultation directe chaque fois qu'un sujet de société important est en jeu.
Les citoyens peuvent toujours, de leur propre initiative, déclencher une consultation sur un point qui leur semble essentiel.

TITRE VII
LE CONSEIL CONSTITUTIONNEL
Article 56

Le Conseil constitutionnel comprend neuf membres, dont le mandat dure neuf ans et n'est pas renouvelable. Le Conseil constitutionnel se renouvelle par tiers tous les trois ans. Trois des membres sont nommés par le Président de la République, trois par le Président de l'Assemblée nationale, trois par le Président du Sénat. La procédure prévue au dernier alinéa de l'article 13 est applicable à ces nominations. Les nominations effectuées par le président de chaque assemblée sont soumises au seul avis de la commission permanente compétente de l'assemblée concernée.

En sus des neuf membres prévus ci-dessus, font de droit partie à vie du Conseil constitutionnel les anciens Présidents de la République.

Le président est nommé par le Président de la République. Il a voix prépondérante en cas de partage.

_____

_____

_____

_____

Article 57

Les fonctions de membre du Conseil constitutionnel sont incompatibles avec celles de ministre ou de membre du Parlement. Les autres incompatibilités sont fixées par une loi organique.

Article 58

Le Conseil constitutionnel veille à la régularité de l'élection du Président de la République.

Il examine les réclamations et proclame les résultats du scrutin.

Article 59

Le Conseil constitutionnel statue, en cas de contestation, sur la régularité de l'élection des députés et des sénateurs.

Article 60

Le Conseil constitutionnel veille à la régularité des opérations de référendum prévues aux articles 11 et 89 et au titre XV. Il en proclame les résultats.

Organes délibérants

Article II-4 : La démocratie n'est pas dirigée par un chef ; elle est représentée par plusieurs porte-parole de la volonté générale, sous contrôle des initiatives populaires

_____

_____

_____

_____

Article II-5 : Les règles électorales font partie de la Constitution
Les règles électorales (modes de scrutin, seuils, incompatibilités, etc.) sont présentées en annexe et ne peuvent en aucun cas être modifiées par les élus eux-mêmes.

_____

_____

_____

Article II-6 : La loi est l'expression de la volonté générale
Il y a deux types de lois : les lois votées par l'Assemblée des partis (et acceptées par l'Assemblée des citoyens), et les lois votées par référendum d'initiative citoyenne.

_____

_____

_____

Article 60 proposé
La Chambre des référendums (tirée au sort) veille à la régularité des opérations de référendum prévues aux articles 3, 11 et 89 et au titre XV. Elle en proclame les résultats.

Article 61

Les lois organiques, avant leur promulgation, les propositions de loi mentionnées à l'article 11 avant qu'elles ne soient soumises au référendum, et les règlements des assemblées parlementaires, avant leur mise en application, doivent être soumis au Conseil constitutionnel qui se prononce sur leur conformité à la Constitution.

Aux mêmes fins, les lois peuvent être déférées au Conseil constitutionnel, avant leur promulgation, par le Président de la République, le Premier ministre, le Président de l'Assemblée nationale, le Président du Sénat ou soixante députés ou soixante sénateurs.

Dans les cas prévus aux deux alinéas précédents, le Conseil constitutionnel doit statuer dans le délai d'un mois. Toutefois, à la demande du Gouvernement, s'il y a urgence, ce délai est ramené à huit jours.

Dans ces mêmes cas, la saisine du Conseil constitutionnel suspend le délai de promulgation.

Article 61-1

Lorsque, à l'occasion d'une instance en cours devant une juridiction, il est soutenu qu'une disposition législative porte atteinte aux droits et libertés que la Constitution garantit, le Conseil constitutionnel peut être saisi de cette question sur renvoi du Conseil d'État ou de la Cour de cassation qui se prononce dans un délai déterminé.

Une loi organique détermine les conditions d'application du présent article.

Article 62

Une disposition déclarée inconstitutionnelle sur le fondement de l'article 61 ne peut être promulguée ni mise en application.

Une disposition déclarée inconstitutionnelle sur le fondement de l'article 61-1 est abrogée à compter de la publication de la décision du Conseil constitutionnel ou d'une date ultérieure fixée par cette décision. Le Conseil constitutionnel détermine les conditions et limites dans lesquelles les effets que la disposition a produits sont susceptibles d'être remis en cause.

Les décisions du Conseil constitutionnel ne sont susceptibles d'aucun recours. Elles s'imposent aux pouvoirs publics et à toutes les autorités administratives et juridictionnelles.

Article II-7 : Le Parlement

Le Parlement comprend l'Assemblée des partis (élue) et l'Assemblée des citoyens (tirée au sort), qui coordonne les Chambres de contrôle.

Article II-7.1 : L'Assemblée des partis

(L'Assemblée des partis correspond à ce qu'on appelle aujourd'hui l'Assemblée nationale.)

L'Assemblée des partis est élue pour conduire une politique donnée avec l'aide du Gouvernement qu'elle désigne et contrôle.

Les députés à l'Assemblée des partis sont élus au suffrage direct, plurinominal et préférentiel (chaque électeur répartit dix points positifs et dix points négatifs sur dix noms), pour cinq ans, à raison de dix députés par million d'habitants. *(À revoir : il faut à la fois dégager une majorité et donner une voix à tout le monde. Il faudrait réviser les règles du jugement majoritaire.)*

Elle désigne le Premier ministre qui lui propose un Gouvernement dont les membres sont approuvés individuellement, après audition devant les députés. Le Gouvernement présente ensuite sa politique générale à l'Assemblée des partis, pour approbation.

L'Assemblée des partis peut censurer le Gouvernement, à la majorité absolue de ses membres.

Chacun des députés rend des comptes à la Chambre de contrôle du Parlement (tirée au sort), qui contrôle régulièrement les promesses électorales avec les actions menées à l'Assemblée et qui peut appeler le Peuple par référendum à révoquer ou confirmer l'Assemblée.

Article 63

Une loi organique détermine les règles d'organisation et de fonctionnement du Conseil constitutionnel, la procédure qui est suivie devant lui et notamment les délais ouverts pour le saisir de contestations.

TITRE VIII
DE L'AUTORITÉ JUDICIAIRE
⚠ Article 64

Le Président de la République est garant de l'indépendance de l'autorité judiciaire. Il est assisté par le Conseil supérieur de la magistrature.
Une loi organique porte statut des magistrats.
Les magistrats du siège sont inamovibles.

[I-7, p. 29, I-10, p. 31 et II-8.4, p. 75]

⚠ Article 65

Le Conseil supérieur de la magistrature comprend une formation compétente à l'égard des magistrats du siège et une formation compétente à l'égard des magistrats du parquet.

La formation compétente à l'égard des magistrats du siège est présidée par le premier président de la Cour de cassation. Elle comprend, en outre, cinq magistrats du siège et un magistrat du parquet, un conseiller d'État désigné par le Conseil d'État, un avocat ainsi que six personnalités qualifiées qui n'appartiennent ni au Parlement, ni à l'ordre judiciaire, ni à l'ordre administratif. Le Président de la République, le Président de l'Assemblée nationale et le Président du Sénat désignent chacun deux personnalités qualifiées. La procédure prévue au dernier alinéa de l'article 13 est applicable aux nominations des personnalités qualifiées. Les nominations effectuées par le président de chaque assemblée du Parlement sont soumises au seul avis de la commission permanente compétente de l'assemblée intéressée.

La formation compétente à l'égard des magistrats du parquet est présidée par le procureur général près la Cour de cassation. Elle comprend, en outre, cinq magistrats du parquet et un magistrat du siège, ainsi que le conseiller d'État, l'avocat et les six personnalités qualifiées mentionnés au deuxième alinéa.

Article II-7.2 : L'Assemblée des citoyens

(L'Assemblée des citoyens, du fait de son mode de désignation par tirage au sort, représente mieux la réalité des citoyens qu'une assemblée élue. Elle permet d'organiser relativement souvent l'équivalent du référendum, mais à petite échelle.)

L'Assemblée des citoyens est composée de Délégués, tirés au sort pour un an parmi le Corps des citoyens volontaires.

L'Assemblée des citoyens valide ou invalide les propositions de loi de l'Assemblée des partis. *(droit de veto.)*

L'Assemblée des citoyens supervise la composition du Corps des citoyens volontaires. *(Gestion des inscriptions, désinscriptions et contentieux.)*

L'Assemblée des citoyens coordonne les travaux des Chambres de contrôle ; elle peut les convoquer, elle suit leurs travaux et elle donne suite à leurs décisions.

L'Assemblée des citoyens peut présenter un texte au référendum.

Elle organise et contrôle tous les tirages au sort.

Elle peut formuler des demandes de loi auprès de l'Assemblée des partis.

La formation du Conseil supérieur de la magistrature compétente à l'égard des magistrats du siège fait des propositions pour les nominations des magistrats du siège à la Cour de cassation, pour celles de premier président de cour d'appel et pour celles de président de tribunal de grande instance. Les autres magistrats du siège sont nommés sur son avis conforme.

La formation du Conseil supérieur de la magistrature compétente à l'égard des magistrats du parquet donne son avis sur les nominations qui concernent les magistrats du parquet.

La formation du Conseil supérieur de la magistrature compétente à l'égard des magistrats du siège statue comme conseil de discipline des magistrats du siège. Elle comprend alors, outre les membres visés au deuxième alinéa, le magistrat du siège appartenant à la formation compétente à l'égard des magistrats du parquet.

La formation du Conseil supérieur de la magistrature compétente à l'égard des magistrats du parquet donne son avis sur les sanctions disciplinaires qui les concernent. Elle comprend alors, outre les membres visés au troisième alinéa, le magistrat du parquet appartenant à la formation compétente à l'égard des magistrats du siège.

Le Conseil supérieur de la magistrature se réunit en formation plénière pour répondre aux demandes d'avis formulées par le Président de la République au titre de l'article 64. Il se prononce, dans la même formation, sur les questions relatives à la déontologie des magistrats ainsi que sur toute question relative au fonctionnement de la justice dont le saisit le ministre de la justice. La formation plénière comprend trois des cinq magistrats du siège mentionnés au deuxième alinéa, trois des cinq magistrats du parquet mentionnés au troisième alinéa, ainsi que le conseiller d'État, l'avocat et les six personnalités qualifiées mentionnés au deuxième alinéa. Elle est présidée par le premier président de la Cour de cassation, que peut suppléer le procureur général près cette cour.

Sauf en matière disciplinaire, le ministre de la justice peut participer aux séances des formations du Conseil supérieur de la magistrature.

Le Conseil supérieur de la magistrature peut être saisi par un justiciable dans les conditions fixées par une loi organique.

La loi organique détermine les conditions d'application du présent article.

Article II-7.3 : Rapports entre les Assemblées
L'Assemblée des partis prépare les lois mais doit convaincre l'Assemblée des citoyens de la nécessité de chacune de ces lois pour les faire appliquer.
L'Assemblée des citoyens n'écrit pas les lois, mais elle doit les avoir acceptées pour qu'elles s'appliquent. Elle peut aussi, à la lumière de l'expérience, demander l'abrogation où la révision d'une loi existante, ainsi que la discussion d'une loi nouvelle.

Article II-7.4 : Arbitrage du Peuple en cas de conflit
En cas de conflit irréductible entre deux organes, le Peuple est appelé à trancher lui-même par référendum.
Les obligations, traitements, salaires et indemnités de tous les représentants élus ou tirés au sort sont fixés par les députés constituants et approuvés par référendum ; ils peuvent être révisés selon la même procédure.

Article 66

Nul ne peut être arbitrairement détenu.

L'autorité judiciaire, gardienne de la liberté individuelle, assure le respect de ce principe dans les conditions prévues par la loi.

Article 66-1

Nul ne peut être condamné à la peine de mort.

_____

_____

_____

_____

TITRE IX
LA HAUTE COUR

Article 67

Le Président de la République n'est pas responsable des actes accomplis en cette qualité, sous réserve des dispositions des articles 53-2 et 68.

Il ne peut, durant son mandat et devant aucune juridiction ou autorité administrative française, être requis de témoigner non plus que faire l'objet d'une action, d'un acte d'information, d'instruction ou de poursuite. Tout délai de prescription ou de forclusion est suspendu.

Les instances et procédures auxquelles il est ainsi fait obstacle peuvent être reprises ou engagées contre lui à l'expiration d'un délai d'un mois suivant la cessation des fonctions.

Article 68

Le Président de la République ne peut être destitué qu'en cas de manquement à ses devoirs manifestement incompatible avec l'exercice de son mandat. La destitution est prononcée par le Parlement constitué en Haute Cour.

La proposition de réunion de la Haute Cour adoptée par une des assemblées du Parlement est aussitôt transmise à l'autre qui se prononce dans les quinze jours.

La Haute Cour est présidée par le Président de l'Assemblée nationale. Elle statue dans un délai d'un mois, à bulletins secrets, sur la destitution. Sa décision est d'effet immédiat.

Les décisions prises en application du présent article le sont à la majorité des deux tiers des membres composant l'assemblée concernée ou la

Article II-8 : Les Chambres de contrôle

(Tous les pouvoirs doivent être contrôlés, et ce contrôle, pour être bien fait, doit être confié à des institutions spécialisées.)

Les Chambres de contrôle sont tirées au sort parmi le Corps des citoyens volontaires, pour un an faute de précision contraire.

Tous les débats des Chambres de contrôle sont publics et publiés sur le site web du Parlement où tous les citoyens peuvent commenter, personnellement et publiquement, les échanges.

_____

_____

_____

_____

Article II-8.1 : Les Chambres de contrôle des lois

Chaque projet de loi voté par l'Assemblée des partis est transmis à l'Assemblée des citoyens qui compose alors, par tirage au sort parmi le Corps des citoyens volontaires, une Chambre de contrôle des lois de cinquante et un membres, en précisant si elle se réunira ou pas et en indiquant le délai imparti pour l'examen.

La Chambre de contrôle des lois peut formuler un veto sur le texte qu'elle examine.

(Si la Chambre de contrôle des lois ne se réunit pas, chacun de ses membres prend connaissance chez lui des projets de loi et des débats afférents et se détermine seul, à l'abri des pressions et des influences rhétoriques, sur la conformité des lois à l'intérêt général.)

<u>Débat</u> sur une assemblée qui ne se réunit pas.[2469]

_____

_____

_____

_____

Haute Cour. Toute délégation de vote est interdite. Seuls sont recensés les votes favorables à la proposition de réunion de la Haute Cour ou à la destitution.

Une loi organique fixe les conditions d'application du présent article.

TITRE X
DE LA RESPONSABILITÉ PÉNALE
DES MEMBRES DU GOUVERNEMENT
Article 68-1

Les membres du Gouvernement sont pénalement responsables des actes accomplis dans l'exercice de leurs fonctions et qualifiés crimes ou délits au moment où ils ont été commis.

Ils sont jugés par la Cour de justice de la République.

La Cour de justice de la République est liée par la définition des crimes et délits ainsi que par la détermination des peines telles qu'elles résultent de la loi.

Article 68-2

La Cour de justice de la République comprend quinze juges : douze parlementaires élus, en leur sein et en nombre égal, par l'Assemblée nationale et par le Sénat après chaque renouvellement général ou partiel de ces assemblées et trois magistrats du siège à la Cour de cassation, dont l'un préside la Cour de justice de la République.

Toute personne qui se prétend lésée par un crime ou un délit commis par un membre du Gouvernement dans l'exercice de ses fonctions peut porter plainte auprès d'une commission des requêtes.

Cette commission ordonne soit le classement de la procédure, soit sa transmission au procureur général près la Cour de cassation aux fins de saisine de la Cour de justice de la République.

Le procureur général près la Cour de cassation peut aussi saisir d'office la Cour de justice de la République sur avis conforme de la commission des requêtes.

Une loi organique détermine les conditions d'application du présent article.

Article 68-3

Les dispositions du présent titre sont applicables aux faits commis avant son entrée en vigueur.

Article II-8.2 : La Chambre de contrôle des députés

La Chambre de contrôle des députés vérifie que les députés élus de l'Assemblée des partis respectent bien leurs promesses électorales.

Elle dispose pour cela d'un pouvoir d'appréciation souverain et elle juge en conscience, après avoir entendu les députés mis en cause et/ou d'éventuels témoins ou experts, si des raisons valables peuvent expliquer et justifier le non respect de certains engagements, auquel cas elle ne poursuit pas.

La Chambre de contrôle des députés peut récuser un de ses propres membres à la majorité exceptionnelle de 85 % de ses membres *(cela garantit qu'une simple majorité n'est pas en mesure de se débarrasser ainsi un à un de ses adversaires)*.

La Chambre de contrôle des députés ne sanctionne pas elle-même, mais elle peut agir en justice pour mettre en cause un organe ou un agent devant un magistrat indépendant.

Article II-8.3 : La Chambre de contrôle de l'exécutif

La Chambre de contrôle de l'exécutif vérifie que le Gouvernement et les agents publics (les préfets, les maires, les policiers, les militaires, les gardiens de prison, etc.) ne légifèrent pas (les règlements doivent ne permettre que l'application pratique des lois existantes) ou n'abusent pas de la force publique.

La Chambre de contrôle de l'exécutif ne sanctionne pas elle-même : éventuellement, elle demande à un juge l'évaluation d'un agent, ou elle demande au Peuple la censure du Gouvernement (par référendum).

Elle vérifie également la constitutionnalité des traités.

TITRE XI
LE CONSEIL ÉCONOMIQUE, SOCIAL ET ENVIRONNEMENTAL
Article 69

Le Conseil économique, social et environnemental, saisi par le Gouvernement, donne son avis sur les projets de loi, d'ordonnance ou de décret ainsi que sur les propositions de loi qui lui sont soumis.

Un membre du Conseil économique, social et environnemental peut être désigné par celui-ci pour exposer devant les assemblées parlementaires l'avis du conseil sur les projets ou propositions qui lui ont été soumis.

Le Conseil économique, social et environnemental peut être saisi par voie de pétition dans les conditions fixées par une loi organique. Après examen de la pétition, il fait connaître au Gouvernement et au Parlement les suites qu'il propose d'y donner.

Article 70

Le Conseil économique, social et environnemental peut être consulté par le Gouvernement et le Parlement sur tout problème de caractère économique, social ou environnemental. Le Gouvernement peut également le consulter sur les projets de loi de programmation définissant les orientations pluriannuelles des finances publiques. Tout plan ou tout projet de loi de programmation à caractère économique, social ou environnemental lui est soumis pour avis.

Article 71

La composition du Conseil économique, social et environnemental, dont le nombre de membres ne peut excéder deux cent trente-trois, et ses règles de fonctionnement sont fixées par une loi organique.

Article II-8.4 : La Chambre de contrôle de la Justice

La Chambre de contrôle de la Justice vérifie que les juges ne légifèrent pas (les décisions des juges doivent interpréter les lois sans créer de nouvelles normes et en respectant la Constitution).

Les juges professionnels ne peuvent en aucun cas être jugés par d'autres juges professionnels.

Quand la Chambre de contrôle de la Justice veut incriminer un juge, elle convoque un Jury de citoyens (tiré au sort pour l'occasion).

Article II-8.5 : La Chambre de contrôle des médias publics

La Chambre de contrôle des médias publics se compose de cent personnes tirées au sort pour un an, pour moitié parmi les journalistes, renouvelables par tiers tous les quatre mois.

La Chambre de contrôle des médias publics accorde ou retire les accréditations aux médias candidats au statut de service public de presse.

Elle répartit les budgets et en suggère les évolutions aux deux Assemblées.

Elle contrôle le respect de la Charte de Munich dans tous les médias et la désignation démocratique des cadres ; elle déclenche éventuellement des procédures judiciaires contre les directeurs de chaînes et contre les journalistes.

TITRE XI BIS
LE DÉFENSEUR DES DROITS
Article 71-1

Le Défenseur des droits veille au respect des droits et libertés par les administrations de l'État, les collectivités territoriales, les établissements publics, ainsi que par tout organisme investi d'une mission de service public, ou à l'égard duquel la loi organique lui attribue des compétences. Il peut être saisi, dans les conditions prévues par la loi organique, par toute personne s'estimant lésée par le fonctionnement d'un service public ou d'un organisme visé au premier alinéa. Il peut se saisir d'office.

La loi organique définit les attributions et les modalités d'intervention du Défenseur des droits. Elle détermine les conditions dans lesquelles il peut être assisté par un collège pour l'exercice de certaines de ses attributions.

Le Défenseur des droits est nommé par le Président de la République pour un mandat de six ans non renouvelable, après application de la procédure prévue au dernier alinéa de l'article 13. Ses fonctions sont incompatibles avec celles de membre du Gouvernement et de membre du Parlement. Les autres incompatibilités sont fixées par la loi organique.

Le Défenseur des droits rend compte de son activité au Président de la République et au Parlement.

Article II-8.6 : La Chambre de contrôle des agents publics

La Chambre de contrôle des agents publics est chargée du contrôle de la probité et de l'efficacité des personnels et des institutions de la puissance publique.

Article II-8.7 : Les Conférences de citoyens

Une Conférence de citoyens est une assemblée composée par tirage au sort pour réfléchir spécifiquement à un sujet donné, à temps plein pendant quelques mois pour faire de béotiens des gens bien informés, et pour proposer en synthèse une inflexion de la législation à l'Assemblée des Partis. *(Cf. travaux de Jacques Testart.)*

L'Assemblée des partis peut demander elle-même la désignation d'une Conférence de citoyens sur un sujet précis.

TITRE XII
DES COLLECTIVITÉS TERRITORIALES
Article 72

Les collectivités territoriales de la République sont les communes, les départements, les régions, les collectivités à statut particulier et les collectivités d'outre-mer régies par l'article 74. Toute autre collectivité territoriale est créée par la loi, le cas échéant en lieu et place d'une ou de plusieurs collectivités mentionnées au présent alinéa.

Les collectivités territoriales ont vocation à prendre les décisions pour l'ensemble des compétences qui peuvent le mieux être mises en œuvre à leur échelon.

Dans les conditions prévues par la loi, ces collectivités s'administrent librement par des conseils élus et disposent d'un pouvoir réglementaire pour l'exercice de leurs compétences.

Dans les conditions prévues par la loi organique, et sauf lorsque sont en cause les conditions essentielles d'exercice d'une liberté publique ou d'un droit constitutionnellement garanti, les collectivités territoriales ou leurs groupements peuvent, lorsque, selon le cas, la loi ou le règlement l'a prévu, déroger, à titre expérimental et pour un objet et une durée limités, aux dispositions législatives ou réglementaires qui régissent l'exercice de leurs compétences.

Aucune collectivité territoriale ne peut exercer une tutelle sur une autre. Cependant, lorsque l'exercice d'une compétence nécessite le concours de plusieurs collectivités territoriales, la loi peut autoriser l'une d'entre elles ou un de leurs groupements à organiser les modalités de leur action commune.

Dans les collectivités territoriales de la République, le représentant de l'État, représentant de chacun des membres du Gouvernement, a la charge des intérêts nationaux, du contrôle administratif et du respect des lois.

Article II-8.8 : les Jurys citoyens

Les Jurys citoyens sont l'organe de contrôle supérieur chargé d'examiner en profondeur des dossiers particuliers et de condamner les éventuels abus de pouvoir. Ils sont tirés au sort parmi le Corps des volontaires.

Voies de recours : les Jurys citoyens sont eux-mêmes contrôlés, et éventuellement contredits (au maximum une fois par affaire), par d'autres Jurys citoyens. *(À travailler.)*

Toutes les décisions des Jurys citoyens sont instruites de façon collégiale et contradictoire et sont motivées pour permettre des recours.

Article II-9 : Modalités de fonctionnement du Parlement et des Chambres de contrôle

Toutes les assemblées fixent leur ordre du jour en toute indépendance et en toute liberté. *(Il est impensable que l'ordre du jour du Parlement soit fixé par l'exécutif, évidemment.)*

Leurs débats sont tous diffusés en direct sur des chaînes publiques dédiées et les textes intégraux des débats sont publiés, indexés et commentés sur le site du Parlement. Chaque commentaire doit pouvoir être noté par les autres citoyens (pour permettre un tri des commentaires les plus importants).

⚠ Article 72-1

La loi fixe les conditions dans lesquelles les électeurs de chaque collectivité territoriale peuvent, par l'exercice du droit de pétition, demander l'inscription à l'ordre du jour de l'assemblée délibérante de cette collectivité d'une question relevant de sa compétence.

Dans les conditions prévues par la loi organique, les projets de délibération ou d'acte relevant de la compétence d'une collectivité territoriale peuvent, à son initiative, être soumis, par la voie du référendum, à la décision des électeurs de cette collectivité.

Lorsqu'il est envisagé de créer une collectivité territoriale dotée d'un statut particulier ou de modifier son organisation, il peut être décidé par la loi de consulter les électeurs inscrits dans les collectivités intéressées.

La modification des limites des collectivités territoriales peut également donner lieu à la consultation des électeurs dans les conditions prévues par la loi.

_____

_____

_____

⚠ Article 72-2

Les collectivités territoriales bénéficient de ressources dont elles peuvent disposer librement dans les conditions fixées par la loi.

Elles peuvent recevoir tout ou partie du produit des impositions de toutes natures. La loi peut les autoriser à en fixer l'assiette et le taux dans les limites qu'elle détermine.

Les recettes fiscales et les autres ressources propres des collectivités territoriales représentent, pour chaque catégorie de collectivités, une part déterminante de l'ensemble de leurs ressources. La loi organique fixe les conditions dans lesquelles cette règle est mise en œuvre.

Tout transfert de compétences entre l'État et les collectivités territoriales s'accompagne de l'attribution de ressources équivalentes à celles qui étaient consacrées à leur exercice. Toute création ou extension de compétences ayant pour conséquence d'augmenter les dépenses des collectivités territoriales est accompagnée de ressources déterminées par la loi.

La loi prévoit des dispositifs de péréquation destinés à favoriser l'égalité entre les collectivités territoriales.

Organes exécutifs

Article II-10 : Attributions et limitations du pouvoir exécutif

L'exécutif ne peut qu'exécuter les lois et en aucun cas écrire lui-même le droit qu'il applique.

Il n'a pas le pouvoir de bloquer ou de gêner l'application d'une loi qui est, par définition, immédiatement applicable.

Le pouvoir réglementaire se limite strictement aux modalités pratiques des lois votées par l'Assemblée des partis ou par référendum d'initiative citoyenne.

_____

_____

_____

_____

_____

Article II-10.1 : ~~Le Gouvernement~~ L'exécutif

L'Assemblée des partis élit en son sein un ~~Gouvernement~~ exécutif d'un dixième de ses membres qui lui-même élit le Premier ministre.

~~Le Gouvernement~~ L'exécutif assure la bonne exécution des lois. Il ne dispose d'aucun pouvoir normatif autonome.

~~Le Gouvernement~~ L'exécutif, émanation de l'Assemblée des partis, est responsable devant elle.

~~Le Gouvernement~~ L'exécutif ne peut pas avoir recours au référendum.

_____

_____

_____

_____

_____

Article 72-3

La République reconnaît, au sein du peuple français, les populations d'outre-mer, dans un idéal commun de liberté, d'égalité et de fraternité. La Guadeloupe, la Guyane, la Martinique, La Réunion, Mayotte, Saint-Barthélemy, Saint-Martin, Saint-Pierre-et-Miquelon, les îles Wallis et Futuna et la Polynésie française sont régis par l'article 73 pour les départements et les régions d'outre-mer et pour les collectivités territoriales créées en application du dernier alinéa de l'article 73, et par l'article 74 pour les autres collectivités.

Le statut de la Nouvelle-Calédonie est régi par le titre XIII.

La loi détermine le régime législatif et l'organisation particulière des Terres australes et antarctiques françaises et de Clipperton.

Article 72-4

Aucun changement, pour tout ou partie de l'une des collectivités mentionnées au deuxième alinéa de l'article 72-3, de l'un vers l'autre des régimes prévus par les articles 73 et 74, ne peut intervenir sans que le consentement des électeurs de la collectivité ou de la partie de collectivité intéressée ait été préalablement recueilli dans les conditions prévues à l'alinéa suivant. Ce changement de régime est décidé par une loi organique.

Le Président de la République, sur proposition du Gouvernement pendant la durée des sessions ou sur proposition conjointe des deux assemblées, publiées au Journal officiel, peut décider de consulter les électeurs d'une collectivité territoriale située outre-mer sur une question relative à son organisation, à ses compétences ou à son régime législatif. Lorsque la consultation porte sur un changement prévu à l'alinéa précédent et est organisée sur proposition du Gouvernement, celui-ci fait, devant chaque assemblée, une déclaration qui est suivie d'un débat.

Organes de jugement

Article II-11 : Le pouvoir judiciaire

Tous les juges sont rigoureusement indépendants du pouvoir exécutif *(il n'y a plus de Parquet obéissant servilement au gouvernement).*

Les juges rendent des comptes à la Chambre de contrôle de la Justice (tirée au sort), qui peut demander à un Jury citoyen de les révoquer.

Le non-lieu est inconstitutionnel en matière politique.

Le sursis est interdit pour les décisions qui condamnent les hommes politiques.

(À l'heure actuelle, le non-lieu et le sursis servent à épargner discrètement les notables, souvent des politiciens de métier, de façon arbitraire.)

_____

_____

_____

_____

Organes d'information des citoyens

Article II-12 : Le pouvoir médiatique

L'État garantit l'existence de chaînes de radio, de télévision et d'autres formes de médias, ayant vocation :

– à la diffusion d'informations,

– et à la libre expression politique des associations et des citoyens.

Le financement de ces médias est intégralement public.

La diffusion de réclame dans ces médias publics est rigoureusement interdite.

L'État s'interdit toute intervention sur les contenus informationnels de ces médias publics d'information.

_____

_____

_____

_____

Article 73

Dans les départements et les régions d'outre-mer, les lois et règlements sont applicables de plein droit. Ils peuvent faire l'objet d'adaptations tenant aux caractéristiques et contraintes particulières de ces collectivités.

Ces adaptations peuvent être décidées par ces collectivités dans les matières où s'exercent leurs compétences et si elles y ont été habilitées, selon le cas, par la loi ou par le règlement.

Par dérogation au premier alinéa et pour tenir compte de leurs spécificités, les collectivités régies par le présent article peuvent être habilitées, selon le cas, par la loi ou par le règlement, à fixer elles-mêmes les règles applicables sur leur territoire, dans un nombre limité de matières pouvant relever du domaine de la loi ou du règlement.

Ces règles ne peuvent porter sur la nationalité, les droits civiques, les garanties des libertés publiques, l'état et la capacité des personnes, l'organisation de la justice, le droit pénal, la procédure pénale, la politique étrangère, la défense, la sécurité et l'ordre publics, la monnaie, le crédit et les changes, ainsi que le droit électoral. Cette énumération pourra être précisée et complétée par une loi organique.

La disposition prévue aux deux précédents alinéas n'est pas applicable au département et à la région de La Réunion.

Les habilitations prévues aux deuxième et troisième alinéas sont décidées, à la demande de la collectivité concernée, dans les conditions et sous les réserves prévues par une loi organique. Elles ne peuvent intervenir lorsque sont en cause les conditions essentielles d'exercice d'une liberté publique ou d'un droit constitutionnellement garanti.

La création par la loi d'une collectivité se substituant à un département et une région d'outre-mer ou l'institution d'une assemblée délibérante unique pour ces deux collectivités ne peut intervenir sans qu'ait été recueilli, selon les formes prévues au second alinéa de l'article 72-4, le consentement des électeurs inscrits dans le ressort de ces collectivités.

Article II-12.1 : Les médias publics d'information

(À discuter, comme tout le reste) Les citoyens de ce pays prennent la décision de financer eux-mêmes une partie des journaux, des radios et des télévisions publiques pour leur permettre de vivre sans aucune réclame et donc libérés des intérêts privés de leurs annonceurs, garantissant ainsi l'indépendance économique de leurs moyens d'information. C'est le Conseil supérieur des médias *(et surtout pas l'État)* qui distribue les fonds et vérifie que ces fonds servent bien à diffuser une information indépendante.

Autre possibilité radicale : LA RÉCLAME EST INTERDITE, EN TOUTES MATIÈRES ET SUR TOUS SUPPORTS, DANS L'ESPACE PUBLIC ET SUR LES MÉDIAS PUBLICS. *Pas de concurrence déloyale, donc : tout le monde à la même enseigne, le bouche à oreille pour se faire connaître, pas plus. Fin du gaspillage et des frustrations.*

Variante : Toutes les réclames sont interdites dans les espaces publics. La Constitution affirme un droit de l'homme moderne : le droit de ne pas être agressé par la réclame. Consulter le site Casseurs de pub.

Toutes les régulations du pouvoir médiatique, et notamment le contrôle des journalistes, qui ne doivent pas devenir des juges irresponsables, sont confiées à la Chambre de contrôle des médias publics.

L'information statistique et sondagière des citoyens est rendue indépendante, politiquement et économiquement, par l'État qui la finance sans y intervenir du tout. Elle est contrôlée par des Jurys citoyens.

_____

_____

_____

_____

_____

_____

_____

Article 74

Les collectivités d'outre-mer régies par le présent article ont un statut qui tient compte des intérêts propres de chacune d'elles au sein de la République.

Ce statut est défini par une loi organique, adoptée après avis de l'assemblée délibérante, qui fixe :

– les conditions dans lesquelles les lois et règlements y sont applicables ;

– les compétences de cette collectivité ; sous réserve de celles déjà exercées par elle, le transfert de compétences de l'État ne peut porter sur les matières énumérées au quatrième alinéa de l'article 73, précisées et complétées, le cas échéant, par la loi organique ;

– les règles d'organisation et de fonctionnement des institutions de la collectivité et le régime électoral de son assemblée délibérante ;

– les conditions dans lesquelles ses institutions sont consultées sur les projets et propositions de loi et les projets d'ordonnance ou de décret comportant des dispositions particulières à la collectivité, ainsi que sur la ratification ou l'approbation d'engagements internationaux conclus dans les matières relevant de sa compétence.

La loi organique peut également déterminer, pour celles de ces collectivités qui sont dotées de l'autonomie, les conditions dans lesquelles :

– le Conseil d'État exerce un contrôle juridictionnel spécifique sur certaines catégories d'actes de l'assemblée délibérante intervenant au titre des compétences qu'elle exerce dans le domaine de la loi ;

– l'assemblée délibérante peut modifier une loi promulguée postérieurement à l'entrée en vigueur du statut de la collectivité, lorsque le Conseil constitutionnel, saisi notamment par les autorités de la collectivité, a constaté que la loi était intervenue dans le domaine de compétence de cette collectivité ;

– des mesures justifiées par les nécessités locales peuvent être prises par la collectivité en faveur de sa population, en matière d'accès à l'emploi, de droit d'établissement pour l'exercice d'une activité professionnelle ou de protection du patrimoine foncier ;

– la collectivité peut participer, sous le contrôle de l'État, à l'exercice des compétences qu'il conserve, dans le respect des garanties accordées sur l'ensemble du territoire national pour l'exercice des libertés publiques.

Les autres modalités de l'organisation particulière des collectivités relevant du présent article sont définies et modifiées par la loi après consultation de leur assemblée délibérante.

Article II-12.2 : Les médias publics d'expression citoyenne

Parmi les chaînes publiques, plusieurs chaînes sont affectées par l'État aux tribunes dont les citoyens, individuellement et collectivement, ont besoin pour s'exprimer en toute liberté.

_____

_____

_____

_____

Organes administratifs
Article II-13 : Probité des agents publics

(Commentaire : le « pantouflage » est criminalisé.)

Il est formellement interdit à tout agent quittant la fonction publique de recevoir des revenus ou avantages de la part d'**entreprises qu'il a eu à contrôler ou à surveiller**, ou **avec lesquelles il a passé des contrats au nom de la puissance publique**, pendant sa carrière. Cette interdiction est définitive et ne saurait être limitée dans le temps.

Chaque agent de l'État qui quitte la fonction publique doit indiquer ensuite, pendant une durée de trente ans, ses différents employeurs, français ou étrangers, ses fonctions et les éléments significatifs de sa rémunération. La liste des transfuges est ainsi tenue à jour et publiée, pour que tout citoyen puisse contrôler lui-même la probité des agents ayant quitté la fonction publique.

Faut-il aussi surveiller les cas contraires (Privé => public) ?

La Chambre de contrôle des agents publics est chargée de l'application de ces règles et de l'information des citoyens.

Débat : Les agents de l'État devraient être responsables de leurs décisions, à proportion de leur pouvoir.[2477]

_____

_____

_____

_____

Article 74-1

Dans les collectivités d'outre-mer visées à l'article 74 et en Nouvelle-Calédonie, le Gouvernement peut, par ordonnances, dans les matières qui demeurent de la compétence de l'État, étendre, avec les adaptations nécessaires, les dispositions de nature législative en vigueur en métropole ou adapter les dispositions de nature législative en vigueur à l'organisation particulière de la collectivité concernée, sous réserve que la loi n'ait pas expressément exclu, pour les dispositions en cause, le recours à cette procédure.

Les ordonnances sont prises en Conseil des ministres après avis des assemblées délibérantes intéressées et du Conseil d'État. Elles entrent en vigueur dès leur publication. Elles deviennent caduques en l'absence de ratification par le Parlement dans le délai de dix-huit mois suivant cette publication.

Article 75

Les citoyens de la République qui n'ont pas le statut civil de droit commun, seul visé à l'article 34, conservent leur statut personnel tant qu'ils n'y ont pas renoncé.

Article 75-1

Les langues régionales appartiennent au patrimoine de la France.

Hiérarchie des normes

Article II-14 : Supériorité de la Constitution sur toute autre norme, en dehors des textes historiques de référence

Aucun traité ne saurait aller contre une disposition de la Constitution.

Tous les traités qui méconnaissent cette hiérarchie des normes et prétendraient passer outre cette Constitution sont nuls et sans effet.

(Autrement dit, la volonté générale qui s'exprime solennellement dans cette Constitution est bien supérieure en droit à la volonté des gouvernants d'un jour qui signent un Traité avec les gouvernants d'une autre Nation.)

Notamment, tous les traités signés depuis le Traité de Rome en 1957 sans l'accord direct du Peuple français sont ici dénoncés formellement, jusqu'à leur éventuelle ratification expresse par référendum, article par article.

L'État conduira une politique d'intégration européenne progressive et ambitieuse, mais réellement démocratique, c'est-à-dire fondée sur l'accord des peuples plutôt que sur celui de leurs seuls représentants, et surtout alimentée par un processus constituant honnête : une Assemblée constituante dont les membres soient tous parfaitement désintéressés.

La première phase de ce travail de construction de l'Europe des peuples sera un référendum européen pour déterminer quels sont les peuples prêts à construire un monde politique commun et à quelles conditions démocratiques.

_____

_____

_____

_____

_____

_____

_____

TITRE XIII
DISPOSITIONS TRANSITOIRES
RELATIVES À LA NOUVELLE-CALÉDONIE
Article 76

Les populations de la Nouvelle-Calédonie sont appelées à se prononcer avant le 31 décembre 1998 sur les dispositions de l'accord signé à Nouméa le 5 mai 1998 et publié le 27 mai 1998 au Journal officiel de la République française.

Sont admises à participer au scrutin les personnes remplissant les conditions fixées à l'article 2 de la loi n° 88-1028 du 9 novembre 1988.

Les mesures nécessaires à l'organisation du scrutin sont prises par décret en Conseil d'État délibéré en Conseil des ministres.

Article 77

Après approbation de l'accord lors de la consultation prévue à l'article 76, la loi organique, prise après avis de l'assemblée délibérante de la Nouvelle-Calédonie, détermine, pour assurer l'évolution de la Nouvelle-Calédonie dans le respect des orientations définies par cet accord et selon les modalités nécessaires à sa mise en œuvre :

– les compétences de l'État qui seront transférées, de façon définitive, aux institutions de la Nouvelle-Calédonie, l'échelonnement et les modalités de ces transferts, ainsi que la répartition des charges résultant de ceux-ci ;

– les règles d'organisation et de fonctionnement des institutions de la Nouvelle-Calédonie et notamment les conditions dans lesquelles certaines catégories d'actes de l'assemblée délibérante de la Nouvelle-Calédonie pourront être soumises avant publication au contrôle du Conseil constitutionnel ;

– les règles relatives à la citoyenneté, au régime électoral, à l'emploi et au statut civil coutumier ;

– les conditions et les délais dans lesquels les populations intéressées de la Nouvelle-Calédonie seront amenées à se prononcer sur l'accession à la pleine souveraineté.

Les autres mesures nécessaires à la mise en œuvre de l'accord mentionné à l'article 76 sont définies par la loi.

Article II-15 : Contrôle de la constitutionnalité des normes
Le Conseil constitutionnel est remplacé par l'Assemblée constituante, convoquée chaque fois que nécessaire pour interpréter, protéger ou réviser la Constitution.

_____

_____

_____

_____

Article II-16 : Révision de la Constitution
Aucune révision de la Constitution, si menue soit-elle, ne peut être effectuée sans Assemblée constituante suivie d'un référendum de ratification (article par article ?).
Lors de chaque renouvellement, l'Assemblée constituante doit être composée pour un tiers de membres différents des trois Assemblées précédentes.
(Il s'agit ici d'éviter l'effet d'escalade d'engagement qui empêche un groupe de se déjuger et de remettre en cause ses propres décisions, même si les conditions ont changé et imposent désormais une révision des décisions initiales.)
Tout membre de l'Assemblée constituante renonce par là-même à toute fonction publique qu'il aurait lui-même contribué à instituer.
Chaque membre de l'Assemblée constituante peut demander la récusation d'un de ses collègues pour cause de conflit d'intérêts. C'est l'Assemblée elle-même qui entend les parties et peut récuser l'un de ses membres par vote à la majorité qualifiée des deux tiers.

_____

_____

_____

_____

_____

Pour la définition du corps électoral appelé à élire les membres des assemblées délibérantes de la Nouvelle-Calédonie et des provinces, le tableau auquel se réfèrent l'accord mentionné à l'article 76 et les articles 188 et 189 de la loi organique n° 99-209 du 19 mars 1999 relative à la Nouvelle-Calédonie est le tableau dressé à l'occasion du scrutin prévu audit article 76 et comprenant les personnes non admises à y participer.

Articles 78 à 86 : Abrogés

TITRE XIV
DE LA FRANCOPHONIE ET DES ACCORDS D'ASSOCIATION
Article 87

La République participe au développement de la solidarité et de la coopération entre les États et les peuples ayant le français en partage.

Article 88

La République peut conclure des accords avec des États qui désirent s'associer à elle pour développer leurs civilisations.

TITRE XV
DE L'UNION EUROPÉENNE
⚠ Article 88-1

La République participe à l'Union européenne constituée d'États qui ont choisi librement d'exercer en commun certaines de leurs compétences en vertu du traité sur l'Union européenne et du traité sur le fonctionnement de l'Union européenne, tels qu'ils résultent du traité signé à Lisbonne le 13 décembre 2007.

[I-22, p. 41]

_____

_____

_____

⚠ Article 88-2

La loi fixe les règles relatives au mandat d'arrêt européen en application des actes pris par les institutions de l'Union européenne.

_____

_____

ANNEXES

I. Règles électorales
Article A-1.1 : Les règles électorales ne sont en aucun cas du ressort des élus

Seule la constitution peut définir les règles électorales et c'est l'Assemblée constituante, confirmée dans ses choix par référendum, ou directement un référendum d'initiative citoyenne (Ric), qui peuvent réviser ces règles électorales.

_____

_____

_____

_____

Article A-1.2 : Le vote de protestation globale est désigné vote "blanc"

Toute consultation populaire doit assurer au citoyen la possibilité d'émettre un vote de protestation à portée générale, ou « vote blanc ».

Le vote blanc signifie le rejet global de l'ensemble des choix ou candidats proposés par la consultation.

Toute consultation populaire, organisée par les pouvoirs publics ou à l'initiative et sous le contrôle d'une association, doit permettre une prise en compte du vote de protestation, et en rendre compte séparément des autres types de réponse.

L'enregistrement du vote de protestation est rendu possible grâce à une option distinguée par le matériel de vote.

Le vote blanc possède au regard de la loi une pleine légitimité.

Les résultats du vote de protestation sont publiés et sont pris en compte.

Si le vote blanc est majoritaire, l'élection est annulée et recommencée avec d'autres candidats ou d'autres choix.

Le résultat de toute consultation dérogeant à l'un de ces principes est nul.

Débat : Proposition de mise en œuvre : définition d'un seuil et de conséquences spécifiques au vote blanc massif.[1024]

⚠ Article 88-3

Sous réserve de réciprocité et selon les modalités prévues par le traité sur l'Union européenne signé le 7 février 1992, le droit de vote et d'éligibilité aux élections municipales peut être accordé aux seuls citoyens de l'Union résidant en France. Ces citoyens ne peuvent exercer les fonctions de maire ou d'adjoint ni participer à la désignation des électeurs sénatoriaux et à l'élection des sénateurs. Une loi organique votée dans les mêmes termes par les deux assemblées détermine les conditions d'application du présent article.

⚠ Article 88-4

Le Gouvernement soumet à l'Assemblée nationale et au Sénat, dès leur transmission au Conseil de l'Union européenne, les projets d'actes législatifs européens et les autres projets ou propositions d'actes de l'Union européenne.

Selon des modalités fixées par le règlement de chaque assemblée, des résolutions européennes peuvent être adoptées, le cas échéant en dehors des sessions, sur les projets ou propositions mentionnés au premier alinéa, ainsi que sur tout document émanant d'une institution de l'Union européenne.

Au sein de chaque assemblée parlementaire est instituée une commission chargée des affaires européennes.

⚠ Article 88-5

Tout projet de loi autorisant la ratification d'un traité relatif à l'adhésion d'un État à l'Union européenne est soumis au référendum par le Président de la République.

Toutefois, par le vote d'une motion adoptée en termes identiques par chaque assemblée à la majorité des trois cinquièmes, le Parlement peut autoriser l'adoption du projet de loi selon la procédure prévue au troisième alinéa de l'article 89.

⚠ Article 88-6

L'Assemblée nationale ou le Sénat peuvent émettre un avis motivé sur la conformité d'un projet d'acte législatif européen au principe de subsidiarité. L'avis est adressé par le président de l'assemblée concernée aux présidents du Parlement européen, du Conseil et de la Commission européenne. Le Gouvernement en est informé.

Article A-1.3 : Règles de l'élection de l'Assemblée des partis

Chaque citoyen vote pour qui bon lui semble, candidat ou pas, soutenu par un parti ou pas, en écrivant lui-même sur son bulletin vierge le ou les noms (accompagnés de son numéro quand l'élu est connu, ou de son adresse) qui lui conviennent, ainsi que les points qu'il donne à chacun.

Chaque citoyen peut donner 12 points positifs et 12 point négatifs, avec un maximum de 9 points sur la même tête.

Le décompte des points suit la méthode de Borda : http://fr.wikipedia.org/wiki/M%C3%A9thode_Borda

Le vote blanc (0 point attribué) est décompté et interprété comme un vote contestant en bloc tous les candidats ou tous les choix proposés.

<u>Débat</u> : Le mandat de député n'est cumulable qu'avec celui de Conseiller municipal.[38]

<u>Débat</u> : Le mandat de député n'est renouvelable qu'une fois.[37]

La majorité électorale est fixée à dix-sept ans.

Les étrangers peuvent voter aux élections locales.

Les machines à voter sont rigoureusement interdites jusqu'à ce qu'un référendum spécifique en ait décidé autrement, après un débat national. Tout ~~élu~~ acteur public convaincu d'avoir imposé de telles machines est passible de la prison ferme.

_____

_____

_____

_____

_____

_____

_____

_____

Chaque assemblée peut former un recours devant la Cour de justice de l'Union européenne contre un acte législatif européen pour violation du principe de subsidiarité. Ce recours est transmis à la Cour de justice de l'Union européenne par le Gouvernement.

À cette fin, des résolutions peuvent être adoptées, le cas échéant en dehors des sessions, selon des modalités d'initiative et de discussion fixées par le règlement de chaque assemblée. À la demande de soixante députés ou de soixante sénateurs, le recours est de droit.

⚠ Article 88-7

Par le vote d'une motion adoptée en termes identiques par l'Assemblée nationale et le Sénat, le Parlement peut s'opposer à une modification des règles d'adoption d'actes de l'Union européenne dans les cas prévus, au titre de la révision simplifiée des traités ou de la coopération judiciaire civile, par le traité sur l'Union européenne et le traité sur le fonctionnement de l'Union européenne, tels qu'ils résultent du traité signé à Lisbonne le 13 décembre 2007.

TITRE XVI
DE LA RÉVISION
⚠ Article 89

L'initiative de la révision de la Constitution appartient concurremment au Président de la République sur proposition du Premier ministre et aux membres du Parlement.

Le projet ou la proposition de révision doit être examiné dans les conditions de délai fixées au troisième alinéa de l'article 42 et voté par les deux assemblées en termes identiques. La révision est définitive après avoir été approuvée par référendum.

Toutefois, le projet de révision n'est pas présenté au référendum lorsque le Président de la République décide de le soumettre au Parlement convoqué en Congrès ; dans ce cas, le projet de révision n'est approuvé que s'il réunit la majorité des trois cinquièmes des suffrages exprimés. Le Bureau du Congrès est celui de l'Assemblée nationale.

Aucune procédure de révision ne peut être engagée ou poursuivie lorsqu'il est porté atteinte à l'intégrité du territoire.

La forme républicaine du Gouvernement ne peut faire l'objet d'une révision.

* * * * *

Article A-1.4 : Règles du tirage au sort de l'Assemblée des citoyens

Les Citoyens sont tirés au sort, pour un an, parmi une liste de volontaires, parrainés chacun par 500 citoyens de leur circonscription électorale.
(Variante possible : Les Citoyens sont tirés au sort, pour un an, parmi les (meilleurs des) élus non candidats (hors partis).*)*
Chacune des treize régions de France désigne ainsi quatre Citoyens. Les Citoyens sont à temps partiel, ils gardent leur activité professionnelle et sont indemnisés (raisonnablement) pour leur travail ; leur retour à la vie normale est facilité par l'État.

Désignation du Gouvernement et du Premier Ministre

(À poursuivre.)

$$* \quad * \quad * \quad * \quad *$$

Article 89 proposé
L'initiative de la révision de la Constitution appartient concurremment au Président de la République sur proposition du Premier ministre, aux membres du Parlement et aux citoyens.
Le projet ou la proposition de révision doit être examiné dans les conditions de délai fixées au troisième alinéa de l'article 42 et voté par les deux assemblées en termes identiques. La révision est définitive après avoir été approuvée par référendum.
[*paragraphe supprimé :* **pas de révision constitutionnelle sans référendum.**]
L'initiative citoyenne de révision de la Constitution est définitive si elle a obtenu lors de la consultation la majorité des trois cinquièmes des suffrages exprimés.
Aucune procédure de révision ne peut être engagée ou poursuivie lorsqu'il est porté atteinte à l'intégrité du territoire.
La forme républicaine du Gouvernement ne peut faire l'objet d'une révision, **sauf si c'est pour instituer une vraie Démocratie.**

Nota : à partir des pages suivantes, nous retrouvons la mise en page habituelle des livres, car ces textes fondamentaux sont conservés. Ils peuvent aussi être annotés.

DÉCLARATION DES DROITS DE L'HOMME ET DU CITOYEN DE 1789

Les Représentants du Peuple Français, constitués en Assemblée Nationale, considérant que l'ignorance, l'oubli ou le mépris des Droits de l'Homme sont les seules causes des malheurs publics et de la corruption des Gouvernements, ont résolu d'exposer, dans une Déclaration solennelle, les droits naturels, inaliénables et sacrés de l'Homme, afin que cette Déclaration, constamment présente à tous les Membres du corps social, leur rappelle sans cesse leurs droits et leurs devoirs ; afin que les actes du pouvoir législatif, et ceux du pouvoir exécutif, pouvant être à chaque instant comparés avec le but de toute institution politique, en soient plus respectés ; afin que les réclamations des Citoyens, fondées désormais sur des principes simples et incontestables, tournent toujours au maintien de la Constitution et au bonheur de tous.

En conséquence, l'Assemblée Nationale reconnaît et déclare, en présence et sous les auspices de l'Être Suprême, les droits suivants de l'Homme et du Citoyen.

Article Ier

Les hommes naissent et demeurent libres et égaux en droits. Les distinctions sociales ne peuvent être fondées que sur l'utilité commune.

Article II

Le but de toute association politique est la conservation des droits naturels et imprescriptibles de l'Homme. Ces droits sont la liberté, la propriété, la sûreté et la résistance à l'oppression.

Article III

Le principe de toute Souveraineté réside essentiellement dans la Nation. Nul corps, nul individu ne peut exercer d'autorité qui n'en émane expressément.

Article IV

La liberté consiste à pouvoir faire tout ce qui ne nuit pas à autrui : ainsi, l'exercice des droits naturels de chaque homme n'a de bornes que celles qui assurent aux autres Membres de la Société, la jouissance de ces mêmes droits. Ces bornes ne peuvent être déterminées que par la Loi.

Article V

La Loi n'a le droit de défendre que les actions nuisibles à la Société. Tout ce qui n'est pas défendu par la Loi ne peut être empêché, et nul ne peut être contraint à faire ce qu'elle n'ordonne pas.

Article VI

La Loi est l'expression de la volonté générale. Tous les Citoyens ont droit de concourir personnellement, ou par leurs Représentants, à sa formation. Elle doit être la même pour tous, soit qu'elle protège, soit qu'elle punisse. Tous les Citoyens étant égaux à ses yeux, sont également admissibles à toutes dignités, places et emplois publics, selon leur capacité, et sans autre distinction que celle de leurs vertus et de leurs talents.

Article VII

Nul homme ne peut être accusé, arrêté, ni détenu que dans les cas déterminés par la Loi, et selon les formes qu'elle a prescrites. Ceux qui sollicitent, expédient, exécutent ou font exécuter des ordres arbitraires, doivent être punis ; mais tout Citoyen appelé ou saisi en vertu de la Loi doit obéir à l'instant : il se rend coupable par la résistance.

Article VIII

La Loi ne doit établir que des peines strictement et évidemment nécessaires, et nul ne peut être puni qu'en vertu d'une Loi établie et promulguée antérieurement au délit, et légalement appliquée.

Article IX

Tout homme étant présumé innocent jusqu'à ce qu'il ait été déclaré coupable, s'il est jugé indispensable de l'arrêter, toute rigueur qui ne serait pas nécessaire pour s'assurer de sa personne, doit être sévèrement réprimée par la Loi.

Article X

Nul ne doit être inquiété pour ses opinions, même religieuses, pourvu que leur manifestation ne trouble pas l'ordre public établi par la Loi.

Article XI

La libre communication des pensées et des opinions est un des droits les plus précieux de l'Homme : tout Citoyen peut donc parler, écrire, imprimer librement, sauf à répondre de l'abus de cette liberté, dans les cas déterminés par la Loi.

Article XII

La garantie des droits de l'Homme et du Citoyen nécessite une force publique : cette force est donc instituée pour l'avantage de tous, et non pour l'utilité particulière de ceux auxquels elle est confiée.

Article XIII

Pour l'entretien de la force publique, et pour les dépenses d'administration, une contribution commune est indispensable. Elle doit être également répartie entre tous les Citoyens, en raison de leurs facultés.

Article XIV

Tous les Citoyens ont le droit de constater, par eux-mêmes ou par leurs Représentants, la nécessité de la contribution publique, de la consentir librement, d'en suivre l'emploi et d'en déterminer la quotité, l'assiette, le recouvrement et la durée.

Article XV

La Société a le droit de demander compte à tout Agent public de son administration.

Article XVI

Toute Société dans laquelle la garantie des Droits n'est pas assurée, ni la séparation des Pouvoirs déterminée, n'a point de Constitution.

Article XVII

La propriété étant un droit inviolable et sacré, nul ne peut en être privé, si ce n'est lorsque la nécessité publique, légalement constatée, l'exige évidemment, et sous la condition d'une juste et préalable indemnité.

DÉCLARATION DES DROITS DE L'HOMME ET DU CITOYEN DE 1793

Le peuple français, convaincu que l'oubli et le mépris des droits naturels de l'homme sont les seules causes des malheurs du monde a résolu d'exposer, dans une déclaration solennelle, ces droits sacrés et inaliénables afin que tous les citoyens, pouvant comparer sans cesse les actes du Gouvernement avec le but de toute institution sociale, ne se laissent jamais opprimer et avilir par la tyrannie ; afin que le peuple ait toujours devant les yeux les bases de sa liberté et de son bonheur ; le magistrat, la règle de ses devoirs ; le législateur, l'objet de sa mission. En conséquence, il proclame en présence de l'Être suprême, la déclaration des droits de l'homme et du citoyen.

Article premier – Le but de la société est le bonheur commun ; Le gouvernement est institué pour garantir à l'homme la jouissance de ses droits naturels et imprescriptibles.

Article II – Ces droits sont l'égalité, la liberté, la sécurité, la propriété.

Article III – Tous les hommes sont égaux par la nature et devant la loi.

Article IV – La loi est l'expression libre et solennelle de la volonté générale ; elle est la même pour tous, soit qu'elle protège, soit qu'elle punisse ; elle peut ordonner que ce qui est juste et utiles à la société ; elle ne peut défendre que ce qui lui est nuisible.

Article V – Tous les citoyens sont également admissibles aux emplois publics ; les peuples libres ne connaissent d'autres motifs de préférence dans leurs élections que leurs vertus et leurs talents.

Article VI – La liberté est le pouvoir qui appartient à l'homme de faire tout ce qui ne nuit pas aux droits d'autrui ; elle a pour principe, la nature ; pour règle, la justice ; pour sauvegarde, la loi ; sa limite morale est dans cette maxime : ne fais pas à un autre ce que tu ne veux pas qui te soit fait.

Article VII – Le droit de manifester sa pensée et ses opinions, soit par la voie de la presse, soit de toute autre manière, le droit de s'assembler paisiblement, le libre exercice des cultes, ne peuvent être interdits. La nécessité d'énoncer ces droits, suppose, ou la présence, ou le souvenir récent du despotisme.

Article VIII – La sûreté consiste dans la protection accordée par la société à chacun de ses membres pour la conservation de sa personne, de ses droits et de ses propriétés.

Article IX – La loi doit protéger la liberté publique et individuelle contre l'oppression de ceux qui gouvernent.

Article X – Nul ne doit être accusé, arrêté ni détenu que dans les cas déterminés par la loi, et selon les formes qu'elle a prescrites. Tout citoyen appelé ou saisi par l'autorité de la loi doit obéir à l'instant ; il se rendrait coupable par la résistance.

Article XI – Tout acte exercé contre un homme hors des cas et sans les formes que la loi détermine est arbitraire et tyrannique ; celui contre lequel on voudrait l'exécuter par la violence a le droit de le repousser par la force.

Article XII – Ceux qui solliciteraient, expédieraient, signeraient, exécuteraient ou feraient exécuter des ordres arbitraires sont coupables, et doivent être punis.

Article XIII – Tout Homme étant présumé innocent jusqu'à ce qu'il ait été déclaré coupable, s'il est jugé indispensable de l'arrêter, toute rigueur qui ne sera pas nécessaire pour s'assurer de sa personne doit être sévèrement réprimée par la loi.

Article XIV – Nul ne doit être jugé ou puni, qu'après avoir été entendu ou légalement appelé et qu'en vertu d'une loi promulguée antérieurement au délit. La loi qui punirait les délits commis avant qu'elle existât, serait une tyrannie : l'effet rétroactif donné à la loi serait un crime.

Article XV – La loi ne doit décerner que des peines strictement et évidemment nécessaire : les peines doivent être proportionnées au délit et utiles à la société.

Article XVI – Le droit de propriété est celui qui appartient à tout citoyen de jouir et de disposer à son gré de ses biens, de ses revenus, du fruit de son travail et de son industrie.

Article XVII – Nul genre de travail, de culture, de commerce ne peut-être interdit à l'industrie des citoyens.

Article XVIII – Tout homme peut engager ses services, son temps ; mais il ne peut se vendre ou être vendu : sa personne n'est pas une propriété aliénable. La loi ne reconnaît point de domesticité ; il ne peut exister qu'un engagement de soins et de reconnaissance entre l'homme qui travaille et celui qui l'emploie.

Article XIX – Nul ne peut-être privé de la moindre portion de sa propriété sans son consentement, si ce n'est lorsque la nécessité publique, légalement constatée, l'exige et sous la condition d'une juste et préalable indemnité.

Article XX – Nulle contribution ne peut être établie que pour l'utilité générale. Tous les citoyens ont le droit à concourir à l'établissement des contributions, d'en surveiller l'emploi et de s'en faire rendre compte.

Article XXI – Les secours publics sont une dette sacrée, la société doit la subsistance aux citoyens malheureux, soit en leur procurant du travail, soit en lui assurant les moyens d'exister à ceux qui sont hors d'état de travailler.

Article XXII – L'instruction est le besoin de tous. La société doit favoriser de tout son pouvoir les progrès de la raison publique, et mettre l'instruction à la portée de tus les citoyens.

Article XXIII – La garantie sociale consiste dans l'action de tous pour assurer à chacun la jouissance et la conservation de ses droits. Cette garantie repose sur la souveraineté nationale.

Article XXIV – Elle ne peut exister, si les limites des fonctions publiques ne sont pas clairement déterminées par la loi, et si la responsabilité de tous les fonctionnaires n'est pas assurée.

Article XXV – La Souverainté réside dans le peuple ; elle est une et indivisible, imprescriptible et inaliénable.

Article XXVI – Aucune portion du peuple ne peut exercer la puissance du peuple entier ; mais chaque section du Souverain assemblée, doit jouir du droit d'exprimer sa volonté avec une liberté entière.

Article XXVII – Que tout individu qui usurperait la souveraineté, soit à l'instant mis à mort par les hommes libres.

Article XXVIII – Un peuple a toujours le droit de revoir, de réformer et de changer sa constitution. Un génération ne peut assujettir à ses lois les générations futures.

Article XXIX – Chaque citoyen a un droit égal de concourir à la formation de la loi et à la nomination de ses mandataires ou de ses agents.

Article XXX – Les fonctions publiques sont essentiellement temporaires ; elles ne peuvent être considérées comme des distinctions ni comme des récompenses, mais comme des devoirs.

Article XXXI – Les délits des mandataires du peuple et de ses agents ne doivent jamais être impunis ; nul n'a le droit de prétendre plus inviolable que les autres citoyens.

Article XXXII – Le droit de présenter des pétitions aux dépositaires de l'autorité publique, ne peut en aucun cas être interdit, suspendu ni limité.

Article XXXIII – La résistance l'oppression est la conséquence des autres droits de l'homme.

Article XXXIV – Il y a oppression contre le corps social, lorsqu'un seul de ses membres est opprimé. Il y a oppression contre chaque membre lorsque le corps social est opprimé.

Article XXXV – Quand le gouvernement viole les droits du peuple, l'insurrection est pour le peuple, et pour chaque portion du peuple, le plus sacré des droits et le plus indispensable des devoirs.

PRÉAMBULE DE LA CONSTITUTION
DU 27 OCTOBRE 1946

Au lendemain de la victoire remportée par les peuples libres sur les régimes qui ont tenté d'asservir et de dégrader la personne humaine, le peuple français proclame à nouveau que tout être humain, sans distinction de race, de religion ni de croyance, possède des droits inaliénables et sacrés. Il réaffirme solennellement les droits et les libertés de l'homme et du citoyen consacrés par la Déclaration des Droits de 1789 et les principes fondamentaux reconnus par les lois de la République.

Il proclame, en outre, comme particulièrement nécessaires à notre temps, les principes politiques, économiques et sociaux ci-après :

La loi garantit à la femme, dans tous les domaines, des droits égaux à ceux de l'homme.

Tout homme persécuté en raison de son action en faveur de la liberté a droit d'asile sur les territoires de la République.

Chacun a le devoir de travailler et le droit d'obtenir un emploi. Nul ne peut être lésé, dans son travail ou son emploi, en raison de ses origines, de ses opinions ou de ses croyances.

Tout homme peut défendre ses droits et ses intérêts par l'action syndicale et adhérer au syndicat de son choix.

Le droit de grève s'exerce dans le cadre des lois qui le réglementent.

Tout travailleur participe, par l'intermédiaire de ses délégués, à la détermination collective des conditions de travail ainsi qu'à la gestion des entreprises.

Tout bien, toute entreprise, dont l'exploitation a ou acquiert les caractères d'un service public national ou d'un monopole de fait, doit devenir la propriété de la collectivité.

La Nation assure à l'individu et à la famille les conditions nécessaires à leur développement.

Elle garantit à tous, notamment à l'enfant, à la mère et aux vieux travailleurs, la protection de la santé, la sécurité matérielle, le repos et les loisirs. Tout être humain qui, en raison de son âge, de son état physique ou mental, de la situation économique, se trouve dans l'incapacité de travailler a le droit d'obtenir de la collectivité des moyens convenables d'existence.

La Nation proclame la solidarité et l'égalité de tous les Français devant les charges qui résultent des calamités nationales.

La Nation garantit l'égal accès de l'enfant et de l'adulte à l'instruction, à la formation professionnelle et à la culture. L'organisation de l'enseignement public gratuit et laïque à tous les degrés est un devoir de l'État.

La République française, fidèle à ses traditions, se conforme aux règles du droit public international. Elle n'entreprendra aucune guerre dans des vues de conquête et n'emploiera jamais ses forces contre la liberté d'aucun peuple.

Sous réserve de réciprocité, la France consent aux limitations de souveraineté nécessaires à l'organisation et à la défense de la paix.

La France forme avec les peuples d'outre-mer une Union fondée sur l'égalité des droits et des devoirs, sans distinction de race ni de religion.

L'Union française est composée de nations et de peuples qui mettent en commun ou coordonnent leurs ressources et leurs efforts pour développer leurs civilisations respectives, accroître leur bien-être et assurer leur sécurité.

Fidèle à sa mission traditionnelle, la France entend conduire les peuples dont elle a pris la charge à la liberté de s'administrer eux-mêmes et de gérer démocratiquement leurs propres affaires ; écartant tout système de colonisation fondé sur l'arbitraire, elle garantit à tous l'égal accès aux fonctions publiques et l'exercice individuel ou collectif des droits et libertés proclamés ou confirmés ci-dessus.

CHARTE DE L'ENVIRONNEMENT DE 2004

Le peuple français,
Considérant,
Que les ressources et les équilibres naturels ont conditionné l'émergence de l'humanité ;
Que l'avenir et l'existence même de l'humanité sont indissociables de son milieu naturel ;
Que l'environnement est le patrimoine commun des êtres humains ;
Que l'homme exerce une influence croissante sur les conditions de la vie et sur sa propre évolution ;
Que la diversité biologique, l'épanouissement de la personne et le progrès des sociétés humaines sont affectés par certains modes de consommation ou de production et par l'exploitation excessive des ressources naturelles ;
Que la préservation de l'environnement doit être recherchée au même titre que les autres intérêts fondamentaux de la Nation ;
Qu'afin d'assurer un développement durable, les choix destinés à répondre aux besoins du présent ne doivent pas compromettre la capacité des générations futures et des autres peuples à satisfaire leurs propres besoins ;
Proclame :

Article 1er

Chacun a le droit de vivre dans un environnement équilibré et respectueux de la santé.

Article 2

Toute personne a le devoir de prendre part à la préservation et à l'amélioration de l'environnement.

Article 3

Toute personne doit, dans les conditions définies par la loi, prévenir les atteintes qu'elle est susceptible de porter à l'environnement ou, à défaut, en limiter les conséquences.

Article 4

Toute personne doit contribuer à la réparation des dommages qu'elle cause à l'environnement, dans les conditions définies par la loi.

Article 5

Lorsque la réalisation d'un dommage, bien qu'incertaine en l'état des connaissances scientifiques, pourrait affecter de manière grave et irréversible l'environnement, les autorités publiques veillent, par application du principe de précaution et dans leurs domaines d'attributions, à la mise en œuvre de procédures d'évaluation des risques et à l'adoption de mesures provisoires et proportionnées afin de parer à la réalisation du dommage.

Article 6

Les politiques publiques doivent promouvoir un développement durable. À cet effet, elles concilient la protection et la mise en valeur de l'environnement, le développement économique et le progrès social.

Article 7

Toute personne a le droit, dans les conditions et les limites définies par la loi, d'accéder aux informations relatives à l'environnement détenues par les autorités publiques et de participer à l'élaboration des décisions publiques ayant une incidence sur l'environnement.

Article 8

L'éducation et la formation à l'environnement doivent contribuer à l'exercice des droits et devoirs définis par la présente Charte.

Article 9

La recherche et l'innovation doivent apporter leur concours à la préservation et à la mise en valeur de l'environnement.

Article 10

La présente Charte inspire l'action européenne et internationale de la France.

_____

_____

_____

_____

_____

_____

TABLE DES MATIÈRES
CONSTITUTION DE 1958

TEXTES HISTORIQUES

TABLE DES MATIÈRES
CONSTITUTION D'ORIGINE CITOYENNE (PLAN C)

PREMIÈRE PARTIE, PRÉAMBULE
PRINCIPES FONDAMENTAUX DE NOTRE DÉMOCRATIE

DEUXIÈME PARTIE
MODALITÉS CONSTITUTIONNELLES DE NOTRE DÉMOCRATIE

www.ingramcontent.com/pod-product-compliance
Lightning Source LLC
Chambersburg PA
CBHW031131020426
42333CB00012B/320